EL UNIVERSO EMOCIONAL Y LA MARAVILLOSA AVENTURA DE LEER

Natalia Andrea Ceballos-Marón
Santiago Sevilla-Vallejo

EL UNIVERSO EMOCIONAL Y LA MARAVILLOSA AVENTURA DE LEER

GRANADA
2025

COLECCIÓN
CIENCIAS DE LA EDUCACIÓN

Directores:

Antonio Bolívar
Antonio Luzón Trujillo
Eva María Olmedo Moreno

Comité científico:

Luisa Aires (Universidad Aberta Oporto)
Francisco Aliaga (Universidad de Valencia)
Guadalupe Francia (University of Gävle, Suecia)
Carmen Herrero (Universidad de Manchester)
Nancy Lesko (Teachers College. Universidad de Columbia)
Juan M. Moreno Olmedilla (UNED)
Angeles Parrilla (Universidad de Vigo)
Elisa Pérez Vera (UNED)
Thomas Popkewitz (Universidad de Wisconsin-Madison)
Denise Vaillant (Universidad ORT-Uruguay)
José Weinstein (Universidad Diego Portales, Chile)

 Este libro es el resultado del trabajo de investigación realizado en el Grupo de Investigación Las desconocidas. Identidad, Narración y Educación. Se publica con la ayuda económica del Vicerrectorado de Investigación y Transferencia de la Universidad de Salamanca.

© LOS AUTORES
© UNIVERSIDAD DE GRANADA
ISBN: 978-84-338-7455-9
Depósito legal: Gr./ 293-2025
Edita: Editorial Universidad de Granada
    Campus Universitario de Cartuja. Granada
    Telfs.: 958 24 39 30 - 958 24 62 20 • editorial.ugr.es
Maquetación: CMD. Granada
Diseño de cubierta: Tarma. Estudio grá ico. Granada
Imprime: La Madraza. Albolote. Granada

Printed in Spain   *Impreso en España*

Contenido

INTRODUCCIÓN A LA REGULACIÓN EMOCIONAL Y LA COMPRENSIÓN LECTORA[1]

En este libro, presentamos una investigación de gran importancia para el desarrollo psicológico y de la competencia comunicativa. Vamos a explorar de qué formas las emociones conforman el mundo de las experiencias de las personas y cómo la lectura supone una maravillosa aventura que permite desarrollar las capacidades. En la introducción, se ofrecen informaciones esenciales acerca de la regulación emocional y la comprensión lectora: los motivos por los que docentes, padres y población en general debemos conocer más acerca de la regulación emocional y la comprensión lectora; se define qué es la neuroeducación desde la que actualmente se fomentan las capacidades naturales de nuestro sistema nervioso para espolear todas las capacidades humanas y se presenta una primera relación entre la regulación emocional y la comprensión lectora.

A continuación, se encuentran tres capítulos que recorren todo el proceso de investigación que se ha realizado en este trabajo. En el Capítulo 1, se profundiza en la regulación emocional, la comprensión lectora y la relación entre ambas. Comienza tratando las teorías, aspectos neurológicos y funcionamiento acerca de las emociones, así como los efectos que tienen en función de la regulación emocional. Podemos destacar el concepto de Alfabeto emocional, como una forma de expresar

1   Este trabajo se ha realizado en el marco del Grupo de Investigación Reconocido: Las desconocidas. Identidad, Narración y Educación (Universidad de Salamanca).

el modo en el que educamos las emociones de forma sistemática, lo cual tiene mucha relación con la comprensión lectora. Debemos también señalar que este libro resalta la intensidad emocional como un criterio para conocer el grado de reto al que se enfrenta el sujeto a través de la regulación emocional. Después, se tratan los estadíos y los aspectos que condicionan la comprensión lectora (motivación y niveles lingüísticos, que se dividen en microprocesos y macroprocesos) y se ofrecen pautas para trabajarla. Estos dos apartados terminan con dos herramientas digitales que los autores han desarrollado para medir regulación emocional, la Tarea TIRC, y comprensión lectora, Rúbrica CLAN. Por último, se profundiza en la relación entre ambos aspectos.

El capítulo 2 describe la investigación que se ha realizado para la población de niños y adolescentes, que es muy relevante porque estudios anteriores han puesto énfasis en los adultos y además se ofrece un estudio comparado entre regulación emocional y comprensión lectora, lo cual resulta novedoso.

El capítulo 3 presenta los resultados de investigación de la entrevista que se realizó a padres y docentes y de las herramientas mencionadas, que, de manera sistemática, nos muestran cuáles serían las carencias en la gestión de las emociones y en la lectura a las que nos enfrentamos en las aulas.

Finalmente, las conclusiones sintetizan los avances recientes que neuroeducación ha aportado para conocer mejor las emociones y la lectura, incluidas las investigaciones realizadas por los autores; y la valoración de los resultados de investigación que ofrecen a la comunidad académica y docente herramientas y criterios para ofrecer una formación que desarrolle las capacidades psicológicas y educativas de nuestros alumnos.

RAZONES PARA CONOCER MÁS SOBRE LA REGULACIÓN EMOCIONAL Y LA COMPRENSIÓN LECTORA

Según Ostrosky y Vélez (2013) existen diferentes tipos de emociones, entre las cuales se destacan las emociones básicas y las secundarias. Las primeras son innatas y se encuentran presentes en todas las culturas: ira, miedo, alegría, tristeza, sorpresa y asco. Por su parte, las secundarias son emociones más complejas que resultan de la combinación de las básicas. Las emociones secundarias dependen de varios factores, tales como la evaluación consciente, la interacción con el contexto y la influencia de otras personas (Johnson-Laird y Oatley, 2000).

Desde el momento del nacimiento y hasta los tres meses, los niños pueden responder a la sensación de dolor, aunque no a las emociones básicas (miedo, ira, tristeza, asco, sorpresa, alegría) debido a la inmadurez que presentan (Fredrickson, 2004). No obstante, de manera temprana, los bebés expresan a través del llanto emociones percibidas como negativas (Bisquerra-Alzina, 2011). A medida que la edad del niño avanza, este puede tomar conciencia de sí mismo y van surgiendo nuevas emociones, tales como culpa, vergüenza, timidez y orgullo (Fredrickson, 2004), ya que el aprendizaje social posee funciones de adaptación y supervivencia (Bisquerra-Alzina, 2011).

La literatura revisada sugiere que, a partir de las décadas de los ochenta y noventa, se comienza a tener en cuenta la importancia de conocer y comprender la regulación emocional de manera científica, para lo cual, se realizan entrevistas y escalas de observación en adultos.

Años más tarde, los estudios comienzan a realizarse en niños y niñas[2], debido a que se reconoce cómo la regulación emocional repercute en la salud física y emocional de niños y adolescentes (Thompson, 2011). En este marco, autores como Richards y Gross (2000) realizan la primera diferenciación entre las estrategias de regulación emocional: reevaluación cognitiva y supresión emocional. Estudios realizados posteriormente demuestran el vínculo existente entre tres constructos: la regulación emocional, la comprensión lectora y el éxito aca-

---

2   Aunque apoyamos el uso del lenguaje inclusivo, en este estudio en la mayor parte de los casos optamos por utilizar la forma masculina tradicional para facilitar la lectura. Sin embargo, siempre que se menciona "niños" se hace referencia tanto a niños como a niñas.

démico en infantes (Graziano *et al.*, 2007). Asimismo, a nivel internacional, los investigadores demostraron la relación entre la regulación y la comprensión lectora en niños y adolescentes (Kolić-Vehovec y Bajšanski, 2006; Arán-Filippetti y López, 2016; Pérez-Flores, 2018).

Ahora bien, en el caso de Argentina, las investigaciones son acotadas y centradas especialmente en la Universidad de La Plata y en la Universidad de Córdoba. Los resultados obtenidos presentan implicaciones significativas debido a que todas ellas concluyen que las funciones ejecutivas y las estrategias de regulación adaptativas (como la reevaluación cognitiva) se encuentran íntimamente relacionadas en la infancia (Andrés *et al.*, 2016). Así entendida, la regulación emocional sería un predictor del desempeño académico de los niños (Altelzer *et al.*, 2017; Andrés *et al.*, 2017). En el mismo sentido, Reyna y Brussino (2009) concluyen que los niños con mayor regulación emocional logran mejores habilidades sociales y tienen menores problemas conductuales que aquellos que no regulan sus emociones de forma adaptativa.

Con el fin de dar luz a la presente línea de investigación se realizó un estudio previo en la ciudad de Villa Dolores, Córdoba, con docentes y familias de niños que presentaban un trastorno de aprendizaje, para conocer la importancia que presentaba la regulación emocional en el logro de la comprensión lectora de niños que asisten a la escuela primaria.

De los resultados obtenidos puede destacarse que "los niños cuya regulación emocional no era adecuada, presentaban mayores dificultades en la comprensión de textos y por ende en su nivel académico" (Sevilla-Vallejo y Ceballos-Marón, 2020). A raíz de este hallazgo, el presente estudio científico busca describir y vincular dos constructos teóricos: la regulación emocional y la comprensión lectora en niños y adolescentes. Para este cometido, es necesario tener en claro el significado de la palabra *emoción*. Reeve (2010) define las emociones como el conjunto de manifestaciones breves e intensas que surgen a partir de un suceso externo o interno y provocan una serie de respuestas neurofisiológicas, conductuales y cognitivas en los niños (p. 134). Así entendidas, las emociones juegan un papel fundamental en la salud mental y el aprendizaje (Sevilla-Vallejo y Ceballos-Marón, 2020, p.3).

A partir de dicha definición, se desglosa el concepto de regulación emocional, cuya primera conceptualización la realizó Thompson en 1994: "la regulación emocional implica diferentes procesos intrínsecos o extrínsecos, que permiten evaluar y modificar las reacciones emocionales" (p. 24). Por su parte, Gross (1998) explica que la regulación emocional consiste en determinados procesos que permiten controlar las emociones (Richards y Gross, 2000). Por último, Bisquerra-Alzina (2003) entiende que se trata de "una adecuada manera de expresar las emociones, que permite a los niños tolerar las frustraciones, mejorar las habilidades sociales y mantener vínculos saludables con los pares y adultos del entorno" (p. 12).

Los autores mencionados coinciden en que la regulación emocional se encuentra dividida en estrategias, que pueden ser adaptativas o no adaptativas. Si bien las estrategias de regulación emocional que han recibido un mayor desarrollo teórico son la reevaluación cognitiva y la supresión emocional, existen otras que se describirán más adelante. Parafraseando a Jhon y Gross (2007), las estrategias de regulación emocional tienden a modificar de manera efectiva el curso, la intensidad, la calidad, la duración y la expresión de los componentes de las experiencias emocionales, tales como: respuesta fisiológica, experiencia subjetiva, expresión verbal y no verbal y conductas manifiestas, que surgen luego de vivenciar un evento externo o interno (Gross, 1998b; Thompson, 1994; Eisenberg y Spinrad, 2004).

En la primera infancia, la regulación emocional depende en su totalidad de los adultos protectores que están al cuidado del niño; luego, alrededor de los 8 años, el niño, juntamente con su desarrollo cognitivo, logra la autorregulación de forma más consciente, aunque teñida por las experiencias tempranas y el apego establecido con los progenitores durante toda la vida (Páez *et al.*, 2006; Garnesfki *et al.*, 2007). En este periodo evolutivo, además, se considera que niños y niñas podrían lograr un adecuado proceso de comprensión lectora, debido a que coincide con el desarrollo de las funciones ejecutivas, que son las encargadas de controlar ambos procesos (Schmeichel *et al.*, 2008). Durante la etapa escolar, niños y niñas deben lograr el aprendizaje de diferentes contenidos y asignaturas. En esto, la familia y los docentes juegan un rol principal.

La enseñanza de la lectura en la educación básica es una prioridad de los docentes, ya que adquirir esta capacidad permitirá a los alumnos tener éxito a nivel académico. En este marco cobra importancia el concepto de comprensión lectora, entendida como una actividad cognitiva compleja del procesamiento de la información que lleva a la comprensión del material escrito (Elosuá y García, 1993, p. 13).

La habilidad lectora es una "competencia básica y funda-mental en niños que transitan la escuela primaria" (Ceballos-Marón y Sevilla-Vallejo, 2020), y se considera la base para lograr la construcción de un aprendizaje significativo y para la propia experiencia psicológica de cada uno (Sevilla-Vallejo y Ceballos-Marón, 2020). La lectura permite a los estudiantes ampliar sus posibilidades intelectuales, lo cual no es un dato menor, ya que se supone que es el docente quien debe conocer muy bien a los estudiantes, para determinar qué textos utilizar con ellos y transmitirlos de manera que despierten el interés y la pasión que puede generar la literatura. Por esto, se plantea la necesidad de que los textos escogidos sean accesibles a cada estudiante, tanto a nivel semántico como estructural, ya que la lectura no solo permite acceder a un determinado texto, sino que brinda la posibilidad de reflexionar acerca del lenguaje (Sevilla-Vallejo, 2018).

Por todo esto, y para comprender en mayor profundidad las raíces del presente estudio, es conveniente mencionar algunas cuestiones previas que cimentaron su desarrollo. En primer lugar, un estudio realizado en el año 2020 en tiempos de la pandemia de covid-19, que produjo una crisis sanitaria que atravesó e impactó en lo social, lo económico, lo político y lo educativo a nivel mundial. En este contexto, la educación sufrió un cambio profundo y abrupto, que no brindó la posibi-lidad de una preparación previa ni a docentes ni a estudiantes, los cuales no tuvieron una adaptación al aprendizaje a través de ciberespacios (Sevilla-Vallejo y Ceballos-Marón, 2020). Este acontecimiento llevó a una investigación que tuvo como finalidad conocer y comprender cómo los niños regulaban sus estados emocionales, si utilizaban estrategias para hacerlo —adaptativas o no adaptativas—, y cómo lograban apropiarse del proceso lector desde un sentido reflexivo. Para cumplir con tal objetivo, se realizaron 40 entrevistas a padres y docentes de niños y niñas con problemas de aprendizaje, con el fin de recabar información que diera cuenta de la implicancia que la regulación de los estados emocionales tiene en el aprendizaje. Del análisis discursivo de lo expresado por docente y padres se pudo concluir que los estudiantes en tiempo de pandemia experimentaron síntomas de ansiedad, enojo, conductas de evitación o huida y diferentes trastornos —de sueño, alimentarios y vinculares, entre otros— (Ceballos-Marón *et al.*, 2022).

En segundo lugar, la presente investigación se basa en las evidencias presentadas en un estudio en el que se realizó la validación de la Tarea TIRC (Tarea de Identificación de Reevaluaciones Cognitivas). Dicho estudio estuvo influenciado por los desafíos que presentó la pandemia, ya que, en un principio, se pensaba aplicar este instrumento en formato lápiz y papel. Sin embargo, el confinamiento determinó la adaptación digital de la escala antes mencionada, y la creación de una rúbrica que permitiera conocer la comprensión lectora también en formato digital. En el año 2021, se digitalizó la escala TIRC, que pasó a llamarse Tarea TIRC. A través de esta, se pueden obtener datos sobre la reevaluación cognitiva, una estrategia de regulación emocional que se caracteriza por ser más adaptativa. Dicha estrategia permite construir nuevos significados de los estados emocionales, ya sea amplificando el resultado positivo o bien neutralizando el impacto emocional que surge de un evento percibido como negativo (Ceballos-Marón *et al.*, 2023). La validación se realizó en un total de 116 estudiantes de entre 9 y 16 años de diversos países hispanohablantes en un evento denominado Escuelas de Contingencias, y los resultados probaron que la Tarea TIRC es apropiada para utilizarse en niños y niñas (Ceballos-Marón y Sevilla-Vallejo, 2021; Ceballos-Marón *et al.*, 2022).

Un tercer estudio, que surge del mismo evento hispanoamericano, cimentó los conocimientos sobre la temática, y permitió un primer acercamiento a la que luego se denominó rúbrica de Comprensión Lectora en Acción Narrativa (CLAN). Esta rúbrica permite evaluar el nivel lingüístico de los estudiantes de primaria, y se encuentra sustentada en el modelo narrativo de Paul Ricoeur y en estudios acerca de los niveles morfológico, léxico y textual propios de la comprensión lectora. Para su puesta en práctica, se utilizaron textos de *El principito*, la novela de Antoine de Saint-Exupéry, y preguntas sobre ellos que dan cuenta de los niveles lingüísticos Perceptivo visual, Morfosintáctico, Léxico-semántico y Textual (Oronoz *et al.*, 2022, Sevilla-Vallejo, 2022).

La rúbrica CLAN permite evaluar la comprensión de los textos por parte de los estudiantes mediante el análisis de niveles lingüísticos como elementos objetivos. Además, utiliza el arco mimético como medio para interpretar la subjetividad en la lectura. La herramienta incluye imágenes y videos para una mejor comprensión (Oronoz *et al.*, 2022).

Respecto a la estructura, la presente investigación se encuentra dividida en dos partes. Un primer abordaje, cualitativo —en el cual se realiza un análisis discursivo sobre la perspectiva de los docentes de Argentina sobre la regulación emocional y la compresión lectora de sus estudiantes—; y un segundo momento, cuantitativo —en el cual se implementan las escalas Tarea TIRC y rúbrica CLAN, que permite conocer el vínculo entre la regulación emocional y la comprensión lectora en estudiantes de cuarto, quinto y sexto grado del nivel primario.

LA NEUROEDUCACIÓN, UN NUEVO CAMPO PARA TRABAJAR EN LAS AULAS

Actualmente, se conoce cómo el cerebro se modifica constantemente mediante un proceso de neuroplasticidad que da lugar al aprendizaje. La neuroplasticidad se produce en los seres humanos a causa de que el cerebro establece nuevas conexiones y permite la incorporación de nuevos conocimientos durante toda la vida. Este proceso implica la formación de nuevas sinapsis y vías dendríticas a través de la estimulación (Medina-Alva *et al.*, 2015). La misma comienza en el nacimiento y perdura durante toda la vida (Gonzales y Rosario, 2016). desde la perspectiva de la neuroeducación, el cerebro es el lugar donde el aprendizaje se desarrolla y, además, es el lugar en el cual ocurren todas las emociones (Mora, 2013). Por ello, es tan importante que los profesionales de la salud mental logren conocer e intervenir para que se logre el vínculo entre enseñanza y aprendizaje de forma apropiada. Este nuevo campo de estudio permite comprender cómo el cerebro es el encargado de todas las funciones cognitivas responsables del aprendizaje.

Mora (2013) define a las emociones como energías codificadas de ciertos circuitos cerebrales que permiten al ser humano estar vivo (p. 65). A este concepto es importante agregar que las emociones deben encontrarse reguladas para lograr un mejor afianzamiento del conocimiento (Sevilla-Vallejo y Ceballos-Marón, 2020). Toda aquella información que se recibe por medio de los sentidos no tendrá un significado en sí misma, sino que el sistema límbico asígnale asignará un significado, a través de señales enviadas a las áreas de asociación. Las primeras memorias corticales se formarán en el hogar desde muy pequeños, y sentarán las bases para las interacciones sociales (Marina, 2014). Esto se logrará recién en la etapa escolar, ya que los niños pequeños no pueden regular por sí mismos sus estados emocionales a través de herramientas cognitivas de manera independiente. Como mencionamos, este es un proceso de interiorización gradual (Garnefski *et al.*, 2007) en el cual las figuras parentales juegan un rol fundamental.

Marina (2014) expuso que las personas requieren inteligencia cognitiva y emocional, ya que ello les permite fijar objetivos y regular sus conductas. La inteligencia consiste en aprender a dirigir los comportamientos a una meta, gestionar las emociones y los proyectos, tomar decisiones, mantener el esfuerzo personal y los valores para la vida. En este sentido, las emociones están ligadas al aprendizaje y estas anteceden al intelecto. Las personas nacemos como seres emocionales, y esto nos permite adaptarnos y sobrevivir en nuestro entorno. Lo que debemos aprender, ya que no nacemos con esa habilidad, es a regular las emociones de manera que logremos una mejor calidad de vida y mayor bienestar. No obstante, tanto en las familias como en los espacios académicos poco se validan las emociones y se enseña a regularlas de forma adaptativa (Rotger, 2022, p. 9).

Las emociones nos permiten la supervivencia y son esenciales para la vida, no son buenas o malas, lindas o feas, positivas o negativas. Las emociones solo nos generan placer o displacer según cuál experimentemos, aprender a identificarlas, validarlas y regularlas nos permitirá crecer y desarrollarnos de una manera más adecuada (Rotger, 2022, p. 10). Y, además, tienen efectos en la educación y, en concreto, en la comprensión lectora porque suponen la esencia de la enseñanza (Mora, 2013, p. 43), como vamos a desarrollar en el siguiente apartado.

LA NEUROCIENCIA DE LA REGULACIÓN EMOCIONAL Y DE LA COMPRENSIÓN LECTORA

La neurociencia explica los dos procesos que ocupan este texto. Por un lado, en la infancia, la regulación emocional se logra mediante dos tipos de factores. Los factores externos, como la familia, docentes y el entorno, y los factores endógenos, tales como la maduración de las redes atencionales, las funciones ejecutivas, la maduración del cerebro, las capacidades motoras y cognitivo-lingüísticas (Lozano, Salinas y Carnicero, 2004). Factores endógenos y ambientales influirán en el modo en que las personas regulan sus emociones, y ello daría respuesta a las diferencias existentes entre las estrategias que utiliza una persona y otra (Lozano *et al.*, 2004; Southam-Gerow, y Kendall, 2002; Zeman *et al.*, 2006; Sevilla-Vallejo y Ceballos-Marón, 2021, p. 112). Dichos factores afectan la intensidad de la emoción experimentada y la estrategia utilizada. Los niños que son altamente reactivos requerirán más a mayor asistencia de los adultos para regular sus emociones (Lozano *et al.*, 2004; Sevilla- Vallejo y Ceballos-Marón, 2021, p. 112).

El rol que cumplen ambos factores permite conocer y comprender de qué manera van a influenciar el correcto desarrollo emocional del niño. En primer lugar, resulta propicio destacar la función de las redes atencionales en la regulación de las emociones. Estas redes atencionales maduran en los niños con ritmos diferentes.

Durante los tres primeros meses de vida, la regulación emocional es primitiva, ya que en este momento los niveles de atención dependen de los estímulos que los rodean (Lozano *et al.*, 2004). La red de alerta, que es la primera en madurar, se encuentra vinculada con estímulos exógenos que aumentan o disminuyen de acuerdo con la estimulación que realicen los padres. Una característica habitual de esta edad es que cuesta que el niño aparte su atención de un evento que le causa malestar.

Luego de los seis meses, se desarrolla la atención focalizada, un recurso cognitivo mediante el cual el bebé enfoca y desenfoca la atención con el fin de lograr desviarla de aquellos estímulos que le generan estrés o disgusto (González *et al.*, 2001). Además, logra controlar su evitación o acercamiento a dichos estímulos (Lozano et al, 2004).; es una de las primeras formas en que el niño regula la emoción displacentera. Durante el primer año de vida, a causa de la maduración de la corteza frontal, se desarrolla el tercer nivel atencional, llamado red ejecutiva, que permite al niño poder controlar la atención y el lenguaje, y promueve mayor flexibilidad en la autorregulación. Además, se desarrolla el mecanismo inhibitorio que permite aproximarse o alejarse de los estímulos, otorga más autonomía y ofrece una mayor regulación emocional y conductual (González *et al.*, 2001; Lozano, *et al.*, 2004).

A los 18 meses aproximadamente, los niños logran una mayor conciencia sobre su conducta y comienzan a tener mayor vínculo social, suelen ser más afectivos con sus padres. Alrededor de los dos años, el niño muestra mayor autorregulación, que se refleja en sus juegos compartidos. Cabe destacar que a esta edad se dan de forma paralela el desarrollo de las capacidades lingüísticas y de las redes atencionales, lo que permite al niño manifestar qué le ocurre (Lozano *et al.,* 2004).

Cuando el niño cumple tres años se espera de él un mayor control a nivel conductual y emocional, en presencia o ausencia de sus padres, aunque ante la ausencia de ellos dicho control no ocurre (Lozano, 2004). Con respecto a las funciones ejecutivas, en este caso abordaremos la flexibilidad cognitiva, la memoria de trabajo y la inhibición, ya que son considerados los procesos primordiales para la regulación emocional, contribuyen de forma independiente sobre la regulación y, por ende, son los más investigados en el campo científico (Canet-Juric *et al.,* 2006). Las funciones ejecutivas son aquellos procesos que permiten procesar y controlar la información con el fin de alcanzar los objetivos y metas personales (Canet-Juric *et al.,* 2006, p. 5). La inhibición permite que no existan conflictos o interferencias en las respuestas emocionales, y determina una mayor adaptación al entorno; asimismo, crea una especie de barrera suprimiendo los pensamientos, emociones y conductas inapropiadas para el logro de autorregulación.

Hay tres tipos de inhibición: perceptual o de acceso, cognitiva y comportamental. En cuanto a la perceptual o de acceso, esta se encarga de atender selectivamente ciertos estímulos desatendiendo otros, lo que permite el logro de la actividad en curso. La inhibición cognitiva o del borrado suprime la información que no resulta relevante para lograr la lectura y comprensión de texto. Finalmente, la inhibición conductual es la que frena o disminuye las respuestas relativas a las acciones (Lozano, 2004).

La memoria de trabajo permite mantener los objetivos autorregulatorios actualizados, debido a que es la encargada de retener, procesar y actualizar la información que resulta relevante (Baddeley, 2012). Además, participa en cierto control inhibitorio, ya que interviene en el procesamiento de la información y la interferencia de los estímulos. La flexibilidad cognitiva participa en la alternancia de los pensamientos o acciones de determinadas situaciones. Cuando las situaciones se modifican, el sistema cognitivo tiene que adaptarse, y, para ello, debe alternar la atención creando nuevos planes y activaciones. En el momento que estos procesos logran adaptarse a los cambios, se producen nuevas acciones de acuerdo con el contexto. Es allí cuando se puede hablar de flexibilización. La flexibilización actúa como protectora de la memoria de trabajo y de la inhibición, ya que brinda la posibilidad de cambiar de planes cuando estos requieren de mucho esfuerzo, son ineficaces o inalcanzables, y permite suplantarlos por objetivos más actuales o alcanzables (Canet-Juric, *et al.*, 2016, p. 7; Sevilla-Vallejo y Ceballos-Marón, 2021, p. 112).

Es decir, las emociones son inherentes a los seres humanos y las respuestas (subjetivas, conductuales y fisiológicas) deben ser apropiadas para permitir la adaptación al ambiente y evitar el malestar emocional. Por ello es necesario que las emociones se encuentren reguladas. Para lograrlo, es necesario que existan niveles de atención apropiados y un buen desempeño de las funciones ejecutivas, ya que, esto permite la regulación emocional y facilita la toma de decisiones y los vínculos sociales (Canet-Juric *et al.*, 2016). Asimismo, las funciones ejecutivas y la atención son necesarias para las habilidades lingüísticas (Canet-Juric *et al.*, 2013). Dichas habilidades permiten disminuir el impacto emocional y se vinculan con la regulación, ya que, a través de ellas, los niños logran expresar sus emociones y obtener por parte de los adultos una devolución sobre si las mismas son apropiadas (Lozano, 2004).

En la reevaluación cognitiva es necesaria la participación semántica para lograr el control emocional, ya que involucra mayor esfuerzo de las funciones ejecutivas. Esto se debe a que requiere la formación de nuevos conceptos mientras se mantiene activa la representación de la situación emocional en la memoria de trabajo. Respecto a las funciones cerebrales involucradas, la reevaluación requiere una importante conectividad a nivel cerebral. Esta función implica la activación específica de los cuatro lóbulos (Kumaran *et al.*, 2009).

Por otra parte, la comprensión lectora es un proceso complejo que involucra diversas habilidades cognitivas, desde la decodificación de palabras hasta la integración de información y la elaboración de inferencias. Este proceso no es innato; se desarrolla a través de la instrucción y la práctica. A pesar de su importancia, muchos estudiantes enfrentan dificultades significativas en la comprensión lectora, lo que puede afectar su rendimiento académico y su motivación para aprender. En este sentido, la neuroeducación proporciona un marco teórico y práctico para abordar estos desafíos al integrar descubrimientos científicos sobre el funcionamiento del cerebro con estrategias pedagógicas. Algunos de los principales aportes de la neuroeducación a la comprensión lectora son:

Conocimiento sobre el cerebro lector: la investigación neurocientífica ha identificado áreas específicas del cerebro que participan en la lectura, como el área de Broca (asociada con la producción del lenguaje), el área de Wernicke (relacionada con la comprensión del lenguaje) y la circunvolución fusiforme (implicada en el reconocimiento de palabras y letras). Comprender cómo estas áreas interactúan y se desarrollan puede ayudar a los educadores a diseñar estrategias de enseñanza que optimicen el aprendizaje.

Plasticidad cerebral y aprendizaje personalizado: la plasticidad cerebral, la capacidad del cerebro para reorganizarse y adaptarse en respuesta a nuevas experiencias, es un concepto clave en neuroeducación. Este principio sugiere que los métodos de enseñanza deben ser flexibles y adaptativos, permitiendo que cada estudiante aprenda a su propio ritmo y estilo. En el contexto de la comprensión lectora, esto puede significar la implementación de programas de lectura personalizados que se ajusten a las necesidades y habilidades individuales de los estudiantes.

Importancia del ambiente y la motivación: la neuroeducación destaca la influencia del ambiente y la motivación en el aprendizaje. Un entorno de aprendizaje positivo y motivador puede estimular la liberación de neurotransmisores como la dopamina, que están asociados con la atención y la recompensa. Estrategias como el uso de textos interesantes y relevantes, la incorporación de juegos educativos y la promoción de una mentalidad de crecimiento pueden aumentar la motivación y, por ende, mejorar la comprensión lectora. Esto se va a desarrollar más adelante.

Intervenciones tempranas: la detección y la intervención temprana de las dificultades de lectura son cruciales para prevenir problemas más graves en el futuro. La neuroeducación apoya el uso de evaluaciones neuropsicológicas para identificar tempranamente problemas en el procesamiento lector y aplicar intervenciones específicas. Estas intervenciones pueden incluir ejercicios para mejorar la conciencia fonológica, la memoria de trabajo y la velocidad de procesamiento, todas habilidades esenciales para la comprensión lectora.

Estrategias basadas en neuroeducación: la aplicación de principios neuroeducativos puede llevar a la implementación de estrategias pedagógicas efectivas. Algunas de estas estrategias incluyen:

Enfoque multisensorial: integrar actividades que involucren diferentes sentidos (visual, auditivo, kinestésico) puede fortalecer las conexiones neuronales y mejorar la retención de información.

Enseñanza explícita de habilidades metacognitivas: ayudar a los estudiantes a desarrollar la capacidad de pensar sobre su propio pensamiento (metacognición) les permite monitorear y ajustar sus estrategias de lectura para una mejor comprensión.

Práctica espaciada y repetición: espaciar las sesiones de práctica y repetir conceptos clave puede mejorar la consolidación de la memoria y facilitar el aprendizaje a largo plazo.

CAPÍTULO I

Qué sabemos acerca de la regulación emocional y la comprensión lectora

La literatura actual permite comprender que la regulación emocional y la comprensión lectora resultan temas de interés en el ámbito científico (Gross, 2007; Granda-Asencio *et al.*, 2023). A continuación, se presenta un breve estado de la cuestión para situar al lector.

Por una parte, las posibilidades de regular las emociones se encuentran asociadas a factores exógenos entre los cuales los padres o criadores cumplen una función primordial (Páez *et al.*, 2006) y a factores endógenos tales como madurez cerebral, la atención, capacidades motoras y las capacidades cognitivas lingüísticas (Lozano *et al.*, 2004).

Como se mencionó anteriormente, las primeras investigaciones en este campo se centraron en la población adulta, para extenderse después a niños y adolescentes. Esta ampliación se concretó a partir del reconocimiento de la importancia que tiene la regulación emocional temprana en el desarrollo emocional, social y cognitivo posterior (Thompson, 2011). Esto llevó a la creación de diferentes escalas para valorar esta capacidad.

Cabe destacar que Richards y Gross (2000) sentaron las bases sobre el estudio de la regulación emocional y diferenciaron las estrategias en dos: reevaluación cognitiva y supresión emocional. Jhon y Gross (2007) definen la supresión emocional como la inhibición expresiva y comportamental a partir de una emoción percibida por el sujeto como negativa.

No obstante, en investigaciones posteriores se describen más estrategias de regulación emocional y se las divide en adaptativas y desadaptativas o no adaptativas. Dentro de las adaptativas, se destaca la reevaluación cognitiva como la capacidad de construir nuevos significados, ya sea amplificando el resultado positivo que causó un evento o situación o bien neutralizando el impacto emocional de tipo negativo producto del estado emocional en curso.

Dicho esto, nuestro interés está en desarrollar la relación recíproca que existe entre la estrategia reevaluación cognitiva y los procesos de comprensión lectora en la población estudiantil.

Al respecto, en 2007 se realizó un estudio en Estados Unidos sobre una población de 325 niños que demuestra el papel de la regulación emocional en el éxito académico temprano, en el jardín de infantes. Los resultados obtenidos indicaron que la regulación emocional se asoció positivamente con el éxito académico, la productividad de los estudiantes en el colegio y los puntajes estandarizados de alfabetización temprana, lo que acentúa la importancia de comprender y utilizar herramientas de regulación emocional en los espacios áulicos (Graziano *et al.*, 2007).

Además, los autores explican que es probable que el aprender nueva información e intentar completar una nueva tarea despierte emociones de los niños pequeños que pueden ir desde la ansiedad hasta la frustración cuando no logran enfrentar situaciones de aprendizaje. Con respecto al vínculo entre el alumno-docente, el estudio de Graziano *et al.* (2007) concluyó que quienes tuvieron mejores habilidades de regulación emocional mostraron menos problemas de conducta y una mejor relación con sus docentes, es decir que la autorregulación emocional no solo permite la mejora en el rendimiento académico, sino también en el funcionamiento del aula. A partir de este estudio se puede extraer que el docente cumple un papel fundamental al enseñar estrategias adaptativas que les permitan a los estudiantes regular la experiencia emocional diaria. De esta manera el vínculo con el educando y con el contenido enseñado será más adecuado y despertará un mayor deseo por el aprendizaje.

Asimismo, Arán-Filippetti y López (2016) realizaron un estudio en la población hispana cuyo objetivo fue analizar los efectos de la edad y el sexo en la comprensión lectora. Para esto, trabajaron con un total de 168 niños de 9 a 15 años y observaron que la edad resultaba un factor muy importante debido a que a mayor edad mejoraba la comprensión lectora. Con respecto al sexo, los datos que se obtuvieron mostraban que tanto niñas como varones comprendían de maneras similares. Dicha investigación resulta interesante para nuestro estudio, ya que buscamos valorar la comprensión lectora en un grupo etario similar. Sin embargo, cabe también mencionar que en un estudio realizado en años anteriores por Kolić-Vehovec y Bajšanski (2006) en niños de primaria, se llegó a la conclusión de que las niñas obtienen mejores resultados en comprensión lectora que los varones.

Del mismo modo, Pérez-Flores (2018) analizó en México los efectos de la regulación emocional cognitiva y los vínculos parentales sobre la comprensión lectora en niños de escuela primaria. La investigación fue de tipo cuantitativa y la muestra involucró a 385 alumnos, distribuidos en los seis grados de la escuela primaria. Su conclusión fue que los vínculos parentales paternos influyen sobre la regulación emocional, la cual afecta la comprensión lectora. Dicha investigación resulta de gran interés, ya que nos permite conocer cómo ambos constructos se vinculan entre sí.

En el caso de la Argentina, se han realizado importantes estudios sobre la temática, como el presentado por Andrés *et al.* (2016), que tuvo lugar en Mar del Plata y se centró sobre las funciones ejecutivas y la regulación emocional en niños. En cuanto a las funciones ejecutivas, evaluaron la memoria de trabajo, la flexibilidad cognitiva, la inhibición cognitiva y su relación con la reevaluación cognitiva, de 9 a 11 años. Para la evaluación se tuvieron en cuenta diferentes baterías como AWMA, ENI y escala TIRC, que se desarrolló para dicha investigación. Las conclusiones fueron que los niños con mejor desempeño en funciones ejecutivas muestran mejor regulación emocional. Participaron en esta prueba 100 niños, de los cuales 89 tenían entre ocho y nueve años de edad, y asistían a escuelas de gestión pública y privada de la ciudad de Mar del Plata,

Argentina. Asimismo, 48,5% eran mujeres y el 51,5% eran varones. Todos los participantes presentaban un adecuado nivel en decodificación y reconocimiento de palabras, como así también en las funciones ejecutivas, lo que indicaba una relación directa con la estrategia de regulación emocional. Esta investigación se toma como antecedente, debido a que, para ese estudio se creó la escala TIRC, que actualmente se encuentra disponible de forma digital y se denomina Tarea TIRC.

Luego, Andrés *et al.* (2017) en la ciudad de Mar del Plata realizaron una revisión sistemática de teorías y postularon que la regulación emocional puede presentar un carácter predictivo sobre el desempeño académico. El estudio sostiene que, en algunos casos, existe una relación significativa entre ambos conceptos, y reconoce el papel fundamental que poseen las emociones en los procesos cognitivos. En el momento de procesar información, los estudiantes que posean mejores estrategias de regulación emocional serán quienes tengan un mejor desempeño académico, según sus conclusiones.

En el año 2013, Medrano *et al.* validaron el Cuestionario de Regulación Emocional (CERQ) en 359 universitarios. Dicho instrumento permite conocer el afrontamiento y otros componentes cognitivos que pueden afectar el desarrollo emocional. Evalúa nueve estrategias de regulación cognitiva, tales como la rumiación o focalización de pensamientos, catastrofización, autoculparse o culpar a otros, etc. Se menciona dicha investigación debido a que la escala TIRC para niños que se trabajará en esta investigación fue realizada a partir del cuestionario CERQ para adultos validado por Medrano.

En el año 2017, Andrés *et al.* presentaron una investigación en Mar de Plata, en la cual trabajaron la regulación emocional (tolerancia al distrés) y las habilidades académicas. La misma se llevó a cabo con 107 niños de 9 a 11 años de edad, que asistían a escuela primaria. En ella, se analizó la vinculación entre la tolerancia al distrés y las habilidades académicas de comprensión lectora. Los resultados demostraron que una mejor regulación emocional es un factor significativo en la compresión de textos expositivos. Sin embargo, no se pudo observar lo mismo en la comprensión de textos narrativos. Se toma en cuenta dicha investigación debido a que nuestro trabajo científico pretende analizar la vinculación entre la regulación emocional (reevaluación cognitiva) y la comprensión lectora en niños de edades similares.

Por otro lado, los datos anteriores tienen su contrapartida en materia de comprensión lectora. En Argentina cuentan con las pruebas Aprender, impulsadas por el gobierno nacional, en estudiantes de diferentes niveles educativos para valorar, entre otros aspectos la comprensión lectora. En el año 2018, participaron de ellas un total de 19.645 escuelas de gestión pública y privada Los 573.939 estudiantes de la población cursaban sexto grado de primaria, y primer y segundo año del secundario. El 50% de ellos eran mujeres y el otro 50% varones. En estas evaluaciones, muy populares a nivel nacional, se evaluaron las áreas de Lengua y Matemáticas. Dentro del área de Lengua, se tuvieron en cuenta la comprensión lectora, los niveles lingüísticos y la capacidad de interpretación de textos. Asimismo, un censo realizado en el año 2018 en la provincia de Córdoba, Argentina, a estudiantes de sexto grado concluyó que las escuelas de gestión pública obtuvieron un mejor rendimiento que las privadas, y que las niñas tienen un mejor rendimiento en esta área de aprendizaje (Dirección General de Estadísticas y Censos de la Provincia de Córdoba, 2018).

Hay además otros estudios que se refieren tanto a los aspectos psicológicos de la regulación emocional como al desempeño educativo en materia de comprensión lectora. Reyna y Brussino (2009) realizaron una investigación en 184 niños de entre cinco y siete años para conocer la vinculación entre las habilidades sociales, los problemas conductuales, la comprensión lectora y la regulación emocional. Los padres completaron un cuestionario emocional y los docentes la escala de comportamiento preescolar y escolar infantil. Se demostró que en los ítems que denominaron emocionalidad-enojo, los niños de siete años demuestran más sus emociones que los de cinco años, especialmente las niñas; en cuanto a las habilidades sociales, las niñas de cinco años son mejores en habilidades sociales, comportamiento y comprensión lectora. Este estudio se toma en cuenta debido a que explicita la importancia que posee la regulación emocional en el comportamiento y la manera de vincularse en los niños.

Luego, en el año 2015, realizaron una investigación en un total de 623 niños de entre tres y siete años, en la cual evaluaron el comportamiento social, la atención focalizada, el control inhibitorio, la emocionalidad, la regulación emocional y la comprensión lectora, y llegaron a la conclusión de que los varones muestran mayores niveles de emocionalidad y regulan menos sus emociones.

Con el fin de establecer la relación entre la regulación emocional y la comprensión lectora, recientemente, en la ciudad de Villa Dolores, Córdoba, Argentina, realizamos una investigación telefónica que constituye uno de los pilares fundamentales de este trabajo. En tiempos de aislamiento social preventivo y obligatorio, realizamos 40 entrevistas semiestructuradas a docentes y familias de niños con trastorno de aprendizaje. Además, indagamos acerca de cómo era el tipo de aprendizaje por medios virtuales y las consecuencias que ocasionaba la situación de aislamiento. Pudimos conocer que tanto padres como hijos se encontraban con dificultades para gestionar y regular sus emociones. Las familias expresaron que los niños leían poco en sus hogares y que, además, les costaba comprender los textos. Los padres sostenían que las consecuencias del aislamiento impactarían negativamente tanto en lo social como en lo educativo. Por su parte, los docentes exponían que las mayores consecuencias serían a nivel académico. La conclusión de este estudio es que los alumnos necesitan regular sus propias emociones para mantener la motivación por la lectura y para llevar a cabo los procesos cognitivos que implica (Sevilla-Vallejo y Ceballos-Marón, 2001). Dicha investigación constituye un primer acercamiento a nuestra temática actual.

Teniendo presentes las investigaciones hasta aquí abordadas, se puede observar la relevancia que poseen la regulación emocional y la comprensión lectora en la población infantil. Debido a ello, nos propusimos realizar un estudio con metodología mixta, que permite conocer cómo la estrategia de regulación emocional de reevaluación cognitiva se vincula con la comprensión lectora en estudiantes de entre nueve y doce años que asisten a colegios públicos y privados de la Argentina.

La relevancia de este estudio radica en que permite conocer mejor los procesos de regulación emocional y su impacto en la comprensión lectora —una competencia básica en estudiantes de primaria— en la Provincia de Córdoba, República Argentina. Además, nos permite comprender la percepción sobre la regulación emocional, técnicas y herramientas que utilizan diariamente los docentes en las aulas. Los resultados obtenidos se utilizarán a posteriori en un proyecto de investigación denominado "Desarrollo de la autorregulación emocional y de la competencia lectora en alumnos con necesidades educativas", formado por investigadores del Centro de Investigación en Ciencias Humanas y de la Educación (Ecuador), de la Universidad de Flores (Argentina) y de la Universidad de Salamanca (España), que se propone analizar la autorregulación emocional, los hábitos lectores y la comprensión lectora de alumnos de 9 a 12 años de estos tres países.

Los conceptos de desarrollo infantil, emociones, regulación emocional y comprensión lectora son esenciales para la presente investigación. Para que el lector pueda comprenderlos en mayor profundidad, se va a ofrecer por un recorrido por los fundamentos teóricos y contextuales que los sustentan.

1. REGULACIÓN EMOCIONAL

1.1. Regulación emocional: una visión integral

La regulación emocional incluye, en palabras de Thompson (1994) "los procesos externos e internos responsables de monitorizar, evaluar y modificar nuestras reacciones emocionales para cumplir nuestras metas" (p. 27). Vale aclarar que la regulación emocional no solo implica inhibir o disminuir, sino también mantener o aumentar una emoción, lo cual puede lograrse no solo con estrategias de autocontrol, sino con la intervención de otras personas. Esto justifica la intervención del docente, en su rol de guiar los esfuerzos por regular el proceso emocional. Plantear la situación de este modo nos lleva a preguntarnos si interviene la voluntad en este proceso, es decir, si se trata de una regulación consciente o inconsciente. Al respecto, Gross (1998b) afirma que probablemente sea mejor pensar en un continuo que varía en la intensidad de estado de consciencia y esfuerzo en la regulación.

Teniendo en cuenta el modelo modal de la emoción.

Una definición clásica sobre regulación emocional es la que proporciona Thompson (1994), quien define a la regulación emocional como "toda estrategia dirigida a mantener, aumentar o suprimir un estado afectivo en curso" (p. 27). "Es un proceso extrínseco e intrínseco encargado de monitorear, evaluar y modificar las respuestas emocionales en cuanto a su intensidad y temporalidad" (p. 27). Teniendo en cuenta dicho concepto, podemos decir que las emociones que se encuentren reguladas le permitirán al niño tomar decisiones a nivel cognitivo al momento de experimentarlas y ello repercutirá positivamente en su comportamiento.

En el año 2007, Gross y Thompson agregan que este proceso de regulación emocional influye en las emociones positivas y negativas en sí mismos y en los demás; en el cómo se experimentan, cuándo y cómo se expresan las mismas. Ante lo cual, Eisenberg *et al.* (2007) exponen que la regulación emocional posee un componente de tipo motivacional que les permite a las personas alcanzar las metas y su adaptación biológica y social.

Al comienzo, la regulación emocional es primitiva y será marcada o guiada por los padres o cuidadores con los que el niño convive. Alrededor de los ocho o nueve años, se observa que los niños adquieren la capacidad de resolver situaciones emocionales de una manera más consciente, debido al desarrollo cognitivo que ocurre en esa etapa, y que da lugar a la regulación emocional (Garnefski *et al.,* 2007; Papalia *et al.,* 2007). De acuerdo con lo expuesto, los participantes de la investigación que se pretende realizar —de entre nueve y doce años— tendrían que haber adquirido estrategias propias para la regulación emocional (reevaluación cognitiva o supresión emocional).

Según Ribero-Marulanda y Vargas-Gutiérrez (2013), la regulación emocional desde el paradigma cognitivo-conductual posibilita prestar atención de manera certera a las respuestas emocionales, lo que redunda en un mayor bienestar y la capacidad de responder de forma correcta. Se trataría de un proceso dinámico, que brinda a los niños y niñas la habilidad necesaria para lograr un adecuado desenvolvimiento en el lugar donde se encuentran, ya sea familiar o escolar, mediante la posibilidad de aprender a manejar la intensidad de las experiencias emocionales. Es decir que no solo se trata de lograr identificar los estados emocionales activos, sino de regularlos de manera tal que resulten adaptables al medio escolar (Reidl, 2005), ya que las estrategias de regulación emocional afectan al aprendizaje, especialmente de la lectura (Sevilla-Vallejo y Ceballos-Marón, 2020).

Las estrategias de regulación emocional pueden definirse como las respuestas cognitivas que permiten modificar ya sea la magnitud, experiencia emocional o el evento generador de emocionalidad (Thompson, 1994). Las mismas son posibles debido a la interacción de factores endógenos —tales como madurez y desarrollo cognitivo y lingüístico—, y factores exógenos —como la cultura, los padres e influencia de los medios de comunicación— (Papalia *et al.*, 2007). En este estudio, centrado en niños de entre nueve y doce años, se valorarán los factores endógenos, tales como los niveles lingüísticos, que resultan de importancia para afianzar y mejorar los factores exógenos, tales como el vínculo familiar y escolar.

A medida que los niños crecen, se desarrollan emociones más complejas, debido a que la madurez del sistema nervioso permite respuestas socialmente más adaptadas (Thompson, 1994; Thompson *et al.*, 2008). De las estrategias de regulación estudiadas, dos son las más destacadas por su frecuencia y desarrollo teórico: la reevaluación cognitiva (adaptativa) y la supresión emocional (no adaptativa).

Dado que gran parte de la bibliografía especializada acuerda en que las situaciones en sí mismas no generan una emoción, sino que las emociones dependen de cómo el individuo evalúe lo que acontece, se posiciona a la reevaluación cognitiva como un instrumento fundamental a la hora de regular emociones, por su efectividad y disminución de las sensaciones negativas de la emoción. La supresión emocional, sí está centrada en la respuesta, y tiene el objetivo de inhibir el curso expresivo de una emoción. Una diferencia fundamental con la estrategia de reevaluación cognitiva es que la supresión emocional logra disminuir la experiencia de las emociones positivas (algo poco deseable), pero no logra disminuir lo que verdaderamente se siente a partir de una experiencia negativa. Así, la persona tiene que hacer un esfuerzo cognitivo considerablemente mayor para manejar las tendencias responsivas que siguen surgiendo constantemente, y por este motivo no puede usar los recursos cognitivos que de otra forma se utilizarían para el desenvolvimiento deseado en un contexto social. Cabe aclarar que, en la elección de una estrategia, juegan un rol central los factores contextuales y los patrones culturales. Se considera menos adaptativa y poco saludable, debido a que no modifica la experiencia emocional subjetiva, sino que por el contrario aumenta las respuestas fisiológicas de la emoción (Jhon y Gross, 2007). Por ejemplo, un niño que no muestra signos físicos faciales y conductuales ante la exposición a un evento que le provoca temor (Ceballos-Marón y Sevilla-Vallejo, 2020, p. 3).

En la actualidad hablar de regulación emocional en el hogar y en las aulas es crucial, debido a que, si fomentamos desde edades tempranas esta capacidad, los niños lograrán desarrollar habilidades necesarias para procesar adecuadamente sus emociones. El escenario en el cual los niños expresan mayormente sus emociones es el hogar, la escuela y la sociedad, es por ello que resulta el fundamento de toda convivencia humana. Bisquerra-Alzina (2011) expone ampliamente la necesidad de volver sobre las emociones y de no fragmentar la existencia humana descartando el mundo emocional (Agudelo *et al.,* 2015).

De acuerdo con el modelo de proceso de regulación emocional postulado por Gross y Thompson (2007), la estrategia de reevaluación cognitiva se encuentra focalizada en el antecedente de la emoción, y se centra en otorgar un significado alternativo al evento emocional percibido como negativo. La supresión emocional, mientras tanto, se encuentra focalizada en las respuestas del estado emocional y surge luego de que las respuestas ya han sido generadas. Está destinadas a inhibir la expresión conductual luego de haber percibido como negativo un estado emocional.

Cabe aclarar que las estrategias de regulación emocional no pueden ser valoradas como buenas o malas, sino como más o menos adaptativas en los niños. En el caso de la reevaluación cognitiva se ha comprobado que es más adaptativa, ya que reduce la experiencia del efecto negativo de la emoción (Gross y Jhon, 2007). La supresión emocional se considera menos saludable debido a que, al suprimir la expresión del efecto negativo, este continúa inalterado o incluso puede aumentar, por la discrepancia que surge a partir de las experiencias internas y la expresión externa (Gross y Jhon, 2007; Ceballos-Marón y Sevilla-Vallejo, 2020, p.3).

La distinción entre estrategias adaptativas y no adaptativas permite una valiosa clasificación de las estrategias de regulación emocional. En este sentido, Leahy *et al.* (2011) señalan que la regulación emocional adaptativa favorece el reconocimiento y el procesamiento emocional, además de permitir el funcionamiento productivo de metas y propósitos individuales a corto y largo plazo. Dentro de las estrategias cognitivas de regulación emocional consideradas adaptativas, funcionales o positivas (Garnefski *et al.*, 2001) se encuentra la reevaluación cognitiva. Pueden englobarse como formas de reevaluación cognitiva (estrategias cognitivas adaptativas) estrategias como la puesta en perspectiva, la planificación y la reinterpretación positiva, ya que implican el cambio de la dimensión del *appraisal,* lo que modifica el impacto emocional de los diferentes eventos (Usberg *et al.,* 2015; Sevilla-Vallejo y Ceballos-Marón, 2020;

Ceballos-Marón *et al.*, 2023). Vamos a ofrecer unas definiciones sumarias de estas estrategias:

— La puesta en perspectiva: consiste en poner mentalmente una situación vivenciada como negativa en relación con las demás para lograr desdramatizarla.
— Planificación: consiste en la anticipación de sucesos o eventos negativos con el fin de lograr manejarlos.
— Reinterpretación positiva: es la adjudicación de nuevos significados a determinados eventos con el objetivo de lograr un crecimiento personal (Garnefski *et al.*, 2007).

Dentro de las estrategias no adaptativas o negativas se consideran la rumiación, catastrofización, preocupación y autoculpabilización. Las definimos también:

— La catastrofización consiste en poner énfasis en la gravedad de las situaciones negativas.
— La autoculpabilización implica atribuirse a sí mismo la culpa por los sucesos negativos ocurridos.
— La rumiación se refiere a pensamientos repetitivos sobre ideas y sentimientos negativos asociados a un evento (Garnefski *et al.*, 2007). Mediante ella, se atienden y valoran los pensamientos y sentimientos asociados a un evento que ya ha ocurrido, centrándose en las emociones negativas y sus consecuencias (Bushman, 2002; Morrow y Nolen-Hoeksema, 1990). Produce un incremento en la intensidad de la emoción no deseada (Papageorgiu y Wells, 2003; Ceballos-Marón *et al.*, 2023).
— Preocupación: según Davey y Wells (2006) es una de las estrategias de regulación emocional más utilizadas por aquellas personas diagnosticadas con ansiedad. Resulta similar a la rumiación, pero a diferencia de ella, que se concentra en eventos del pasado, la preocupación se orienta hacia el futuro. Así, las personas se anticipan a eventos negativos (Borkovec, 1994) y la preocupación sirve como medio de distracción a sensaciones no pla-

centeras a nivel fisiológico y disminución de sensación de falta de control (Borkovec y Hu, 1990; Riskind y Kleiman, 2012).

Wells (2009) señala que tanto la preocupación como la rumiación son estrategias de tipo verbales que se encuentran sesgadas por información negativa que trae aparejada una visión negativa de sí mismo y el entorno. Esta visión interfiere en las funciones cognitivas, el procesamiento de imágenes y los recursos atencionales que dan lugar al razonamiento y la toma de decisiones.

Existen tres teorías principales en el estudio de la regulación emocional, que abarcan aspectos similares:

1. Modelo de inteligencia emocional de Mayer *et al.*, 1997:

Este primer modelo ha recibido en la actualidad mayor apoyo empírico debido a que es el más desarrollado teóricamente (Mayer *et al.*, 1997). En dicho modelo se define a la inteligencia emocional como aquellas habilidades que poseen las personas para lograr atender y percibir de manera apropiada los sentimientos de los demás, incluye la capacidad para asimilarlos y comprenderlos de forma adecuada y la destreza de regular y modificar los estados de ánimo de sí mismo o los demás. El autor (Mayer *et al.*, 1997) conceptualiza la regulación emocional como la habilidad de poder manejar tanto las emociones que vivencia el sujeto como las ajenas. Esto incluye la habilidad para moderar aquellas que vivencia como negativas e intensificar las positivas, sin reprimirlas.

2. Modelo de afrontamiento:

Este modelo (Stanton *et al.*, 2000) se basa en el modelo de estrés de Lazarus y Folkman (1984), el cual se plantea al afrontamiento como una forma de regulación emocional adaptativa. Los autores desarrollaron la Escala de afrontamiento emocional con el fin de evaluar el conocimiento, y un afrontamiento centrado en la emoción (comprensión y expresión de emociones) (Stanton *et al.*, 2002).

3. Modelo de regulación del afecto de Gross y John (2003):

Este modelo postula que la regulación emocional se distingue de otras formas de regulación del afecto, como el afrontamiento y defensas psicológicas.

Los autores clasifican a la regulación emocional de acuerdo con el momento que se pone en funcionamiento en el proceso emocional. Plantean un enfoque previo a la emoción, donde se produce la reevaluación o reinterpretación de la situación, y un enfoque dirigido a la respuesta emocional como manera de manejar las emociones existentes (Gross, 1998). Estos autores plantean, como herramienta para medir la regulación emocional, el Cuestionario ERQ, que incluye las estrategias de reevaluación cognitiva y supresión emocional.

En el ámbito escolar, la interacción con los pares y profesores exige en los estudiantes el manejo adecuado de la expresión emocional, que permite un mayor autocontrol de los impulsos. La regulación de los aspectos positivos y la disminución de los efectos negativos, en este momento, le permite al estudiante hacer frente a los cambios biológicos, sociales y académicos propios de la edad (Garnefski, *et al.*, 2007). Los niños, cuando son pequeños, no pueden regular sus estados emocionales a través de sus cogniciones y pensamientos de manera independiente. Esto se logra a través de un proceso gradual (Garnefski, 2007), que sufre una transición en la cual las figuras parentales juegan un rol fundamental.

A edades tempranas, resulta importante conocer y comprender cómo el niño regula sus emociones a través de los procesos cognitivos, debido a que ello afectará el curso de su desarrollo emocional (Garnefski, 2007), la salud mental (Cicchetti *et al.*, 1995), los procesos de socialización (Eisenberg, 1997), el aprendizaje (Graziano *et al.*, 2007) y la comprensión lectora. Cabe destacar que la función de la familia y los docentes resultará esencial para lograr dicho objetivo (Ceballos-Marón y Sevilla-Vallejo, 2020).

Gráfico 1
Modelo procesal de la regulación de las emociones que destaca cinco familias de estrategias de regulación emocional

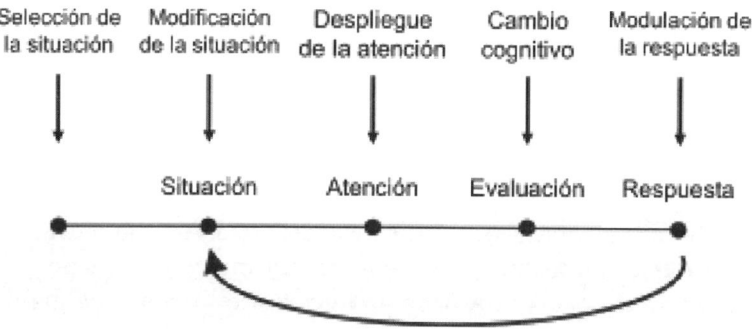

Fuente: Gross y Thompson (2007).

Las primeras estrategias que presenta el modelo están centradas en el antecedente, es decir, en el momento previo a la respuesta; mientras que la última (modulación de la respuesta) se basa en la respuesta, que se producen una vez que la manifestación del comportamiento ha sido desplegada.

Otro factor a tener en cuenta es que el primer conjunto de estrategias tiene que ver con la selección de la situación, y refiere a evitar acercarse o no, a ciertas personas, lugares o situaciones, teniendo en cuenta el impacto emocional que esto provocaría (Gross y Thompson, 2007); por ejemplo, cuando el niño no quiere asistir a una determinada materia por la experiencia con el docente. Esta modificación implica un esfuerzo activo, ya sea de la propia persona o de otra persona, para alterar una situación. Por ejemplo, un adulto que trata de ayudar con sus tareas a un niño que siente frustración por no saber hacerlo.

A diferencia de las estrategias mencionadas, que intentan regular la emoción mediante un cambio en la situación externa, el despliegue atencional se centra en la selección del aspecto de la situación al cual se decide prestarle atención a fin de influir en el estado emocional propio. Un clásico ejemplo del despliegue atencional es la distracción, como el cerrar los ojos ante una situación desagradable. Esto puede leerse como una desviación inconsciente de la atención, es decir, la situación no se modifica, sino que se desvía la atención de ella o se trata de pensar en otra cosa, actividad consciente, por iniciativa propia o por sugerencia de otra persona.

La reevaluación cognitiva —entendida como el cambio en la evaluación de una situación con el objetivo de modificar las emociones— es una de las estrategias de cambio cognitivo más estudiadas, por ejemplo, ante una situación dolorosa que nos provoca angustia, podemos pensar en personas que sufren peores situaciones y así sentirnos mejor una vez que reevaluamos nuestro impacto emocional. Por último, la modulación de la respuesta ocurre después de iniciarse el proceso de manifestación de la respuesta emocional, haciendo referencia a la modificación fisiológica, expresiva o conductual de la respuesta de la forma más directa posible. Uno de los casos más comunes de este tipo de regulación es la supresión de la expresión conductual de una emoción activada. Por ejemplo, si alguien está muy nervioso, puede recurrir a un fármaco para relajarse o a ejercicios de respiración. Esta estrategia también se usa cuando queremos ocultar nuestras verdaderas emociones, por cualquier circunstancia, como al esconder nuestro miedo al ver una película de terror para aparentar valentía (Gross y Thompson, 2007).

1.2. Explorando las bases neuronales de las emociones

En la actualidad, inteligencia emocional y regulación emocional son términos clave que han cobrado relevancia (Bisquerra-Alzina, 2003). Se consideran determinantes de la conducta de los alumnos a nivel personal, escolar y social. Un correcto desarrollo emocional conlleva a una toma de conciencia de los propios estados emocionales y los de los demás (Ceballos-Marón y Sevilla-Vallejo, 2020; Sevilla- Vallejo y Ceballos-Marón, 2020). Por ello, en esta investigación, abordaremos las estrategias utilizadas para lograr una adecuada regulación emocional en el ámbito escolar y observaremos cómo esta última repercute en la comprensión lectora. Tendremos como base una primera investigación, llevada a cabo en escuelas primarias, que permitió concluir que una correcta reevaluación cognitiva da lugar a una verdadera comprensión lectora, y que esta última es uno de los pilares clave para el aprendizaje (Sevilla-Vallejo y Ceballos-Marón, 2020; Sevilla-Vallejo y Ceballos-Marón, 2021).

Cuando se hace referencia a las emociones, se puede decir que la palabra "emoción" proviene etimológicamente del latín "emovere", que significa "moverse hacia" (Franco y Sánchez-Aragón, 2010). Por su parte, Bisquerra-Alzina (2003) expone que las emociones "se generan como respuesta a un acontecimiento externo o interno, son un estado complejo del organismo caracterizado por una excitación o una perturbación que predispone a una respuesta organizada" (p. 12). Fernández-Abascal *et al.* (2010), desde el modelo cognitivo, añaden que las emociones son procesos multidimensionales causados por sucesos externos e internos. Los mismos son episódicos, de corta duración y causan desequilibrio en el organismo al provocar miles de respuestas fisiológicas, cognitivas, motoras y expresivas, que le permiten reestablecer el equilibrio perdido ante la presencia de los sucesos internos o externos causales (p. 18). Y, por su parte, Gross y Thompson (2007) refieren que las emociones son causales de diferentes situaciones que determinan a los sujetos y les permiten actuar. Asimismo, Revee (2010) afirma que las emociones son un conjunto de manifestaciones que ocurren a nivel orgánico y expresivo, de duración breve, con el fin de lograr que los sujetos actúen de forma adecuada ante los estímulos que las causan. Finalmente, Mora (2012) define a las emociones como una energía que se encuentra codificada en circuitos neuronales en el sistema límbico que permiten al sujeto moverse y los impulsan a vivir. Estos circuitos permitirán mientras nos encontremos en alerta distinguir cuales son los estímulos importantes que nos permiten la supervivencia y responder mediante conductas emocionales.

Cuando se aborda el concepto de emoción desde las neurociencias, el acento es esencialmente neurobiológico (Damasio, 2005). Dicho autor describe a la emoción como la respuesta corporal que surge a partir de un proceso de evaluación que realiza el cerebro. Las razones de dichas respuestas presentan un valor de supervivencia (1994). Siguiendo esta concepción biológica, las emociones son procesos psicológicos que permiten responder y adaptarse al ambiente, con el fin de lograr la supervivencia (Fernández-Abascal *et al.*, 2010, p. 17).

Estudios demuestran que las emociones generan respuestas a nivel fisiológicas tales como sudoración e incremento del ritmo cardíaco, entre otras respuestas (Aguado, 2002).

Teniendo presentes las conceptualizaciones hasta aquí desarrolladas, podemos definir a las emociones como manifestaciones breves e intensas que suceden a partir de un determinado hecho, interno o externo, que provoca un movimiento o una actividad fisiológica, física y cognitiva en las personas. Ocurren "de manera muy rápida y muchas veces tan vertiginosa que en ciertas ocasiones no nos permiten tomar conciencia de lo que está ocurriendo en nosotros mismos" (Levav, 2005, p. 4). Las emociones nos permiten la supervivencia, por ello, deben ser gestionadas de manera adaptativa.

Este trabajo se centra en la regulación emocional de las expresiones emocionales de niños de escuela primaria, con énfasis en la estrategia denominada reevaluación cognitiva, debido a que en estudios previos se demostró que la misma da lugar a una correcta comprensión lectora (Sevilla-Vallejo y Ceballos-Marón, 2020).

Por todo los anterior, Ostrosky y Vélez (2013) exponen que la anatomía del cerebro humano no ha tenido serias modificaciones, a diferencia de las habilidades cognoscitivas, que sí han cambiado significativamente. Las estructuras neuroanatómicas se encuentran conectadas entre sí en redes neuronales y cada una tiene una función en las emociones (Levav, 2005). Vamos a describir las principales estructuras:

La corteza cingulada anterior y, concretamente, el giro cingulado anterior, son parte del sistema límbico (Bush *et al.*, 2000) y de una red atencional ejecutiva encargada de regular el procesamiento de la información sensorial y emocional proveniente de otras redes (Öschner y Gross, 2005; Boeree, 2007). Esta estructura está situada por encima del cuerpo calloso. Al igual que la amígdala, está relacionada con la experimentación de emociones desagradables, como el miedo y la tristeza, además de estar involucrada en el procesamiento y reconocimiento de expresiones faciales de las emociones y, por ende, en cambios relacionados con la conducta social (Silva, 2008).

El surco temporal superior percibe diversas conductas planificadas y/o señales de tipo sociales.

Los polos temporales permiten evocar memorias, especialmente cuando se detectan rostros y objetos o cuando se activan memorias autobiográficas.

La amígdala es una estructura subcortical que se encuentra ubicada dentro del lóbulo temporal. Muy cerca de esta se encuentra el hipocampo, cuya función es la memoria. El hecho de que estas estructuras se encuentren próximas permite recordar emociones. Asimismo, la amígdala también es cercana a los bulbos olfatorios, que actúan como un disparador ante diversas situaciones de índole social. Se vincula con situaciones mayormente inconscientes y conecta la emoción a situaciones sociales, según el valor social que tiene un estímulo (bueno o malo). Posee múltiples conexiones con el resto del cerebro: corteza cerebral, tronco encefálico, tálamo, hipotálamo, hipocampo. La amígdala se encarga del reconocimiento de las diversas expresiones faciales con significado emocional (González-Aloy, 2017).

La corteza prefrontal se divide en orbitofrontal, ventromedial y dorsolateral. Posee diversas funciones, tales como facilitar la modificación del campo atencional y la flexibilidad cognitiva (Levav, 2005, p. 143).

1.3. Los componentes y las funciones de las emociones

Ahora que ya se han abordado las bases neurológicas, estamos en situación de empezar a conocer los efectos los componentes y funciones implicados. Revee (2010) describe que en las emociones pueden diferenciarse componentes neurofisiológicos, conductuales y cognitivos, que se describen a continuación:

1. Neurofisiológico: son respuestas que el sujeto no logra controlar, como la taquicardia, la sudoración, los cambios hormonales, etc. Todas las emociones se encuentran arraigadas en la biología, y causan respuestas que permiten la adaptación y la supervivencia de las personas, tal como se expresó anteriormente (Ostrosky y Vélez, 2013).
2. Conductual: es la expresión emocional de los sucesos emocionales. Dichas conductas son influidas por el contexto social. Incluyen el tono de voz, la expresión facial y el lenguaje no verbal.
3. Cognitivo: son aquellas sensaciones que se vivencian de manera consciente y van a permitirle a una persona calificar un estado emocional y nombrarlo (Bisquerra-Alzina, 2003). Actualmente se considera que los efectos cognitivos y afectivos de las emociones son inseparables (Ortega y Suck, 2016).

Las funciones de las emociones, según Reeve (2010), son: adaptativa, social y motivacional.

—Función adaptativa: las emociones permiten preparar al organismo para lograr la conducta adecuada en las diferentes situaciones y/o condiciones ambientales. Por ejemplo, la sorpresa facilita la reacción emocional y conductas adecuadas ante nuevas situaciones. Además, permite focalizar la atención, exploración e intereses ante situaciones novedosas. En el caso de la alegría, esta tiene la función de filiación, y habilita la capacidad de disfrute ante diversos aspectos vitales. Además, favorece el altruismo y la empatía, y permite conductas de defensas y acercamiento. No obstante, el miedo posee como función principal la protección del ser humano. Si tenemos en cuenta emociones como el enojo o ira, su función consiste en la destrucción y/o no aceptación de situaciones o aspectos que le desagradan a la persona. Y en el caso de la tristeza, esta brinda la oportunidad de reintegración, es decir, de volver hacia uno mismo, de reencontrarse.

— Función social: las emociones tienen como función la aparición en las personas de un comportamiento adecuado, al tiempo que la expresión de las mismas será un predictor en los vínculos interpersonales. En el caso de la alegría, por ejemplo, esta promoverá la conducta prosocial, a diferencia de la ira, que genera respuestas de evitación y confrontación.

— Función motivacional: existe una relación estrecha entre la motivación y las emociones. La emoción dirige las conductas; cuando están cargadas de emocionalidad, resultan óptimas e intensas. Una emoción puede determinar la aparición de una conducta motivada dirigiéndola a un objetivo con el fin de que el mismo se realice de forma intensa (Reeve, 1994).

Por su parte, Mora (2011) postula que las emociones tienen como fin el conocimiento y fortalecimiento del desarrollo humano y que se corresponden con las descriptas por Reeve. Describe las siguientes funciones:

d) Función motivadora: las emociones nos impulsan a conseguir lo que deseamos y nos resulta beneficioso, y a evitar aquello que es dañino para nosotros.

e) Versatilidad: las emociones influyen en las conductas y habilitan la variedad de las mismas.

f) Activación cerebral: permiten la activación de las funciones cerebrales y otros sistemas del organismo, al alertar hacia un estímulo específico.

g) Supervivencia: al mantener viva la curiosidad, las emociones nos ayudan a sobrevivir.

h) Comunicación: facilitan el intercambio rápido y efectivo a nivel social.

i) Memoria: permiten el almacenamiento y evocación de recuerdos asociados con episodios que resultaron placenteros o no.

j) Razonamiento: dan lugar al razonamiento y capacidad de tomar decisiones.

1.4. Variables que moderan la regulación emocional y el Alfabeto emocional

Debemos tener también presente las variables que condiciona que las emociones sean más o menos adaptativas:

1. Reconocimiento de las estrategias de regulación emocional: resulta necesario que las personas posean diversas estrategias para regular sus emociones y logren reconocer en qué momento es oportuno utilizarlas (Smith y Petty, 1995; Heimpel *et al.*, 2002; Vázquez *et al.*, 2009). Para seleccionar dichas estrategias, hay factores que van a influenciar, como la motivación (Tamir, 2015; Tamir *et al.*, 2008), el estilo de apego (Mikulincer *et al.*, 2003) y los trastornos de personalidad (Vázquez *et al.*, 2009).

2. Objetivos deseados: estos se logran mediante una adecuada regulación emocional. Los objetivos y motivaciones pueden ser hedónicos, instrumentales o sociales (Tamir, 2015).

3. La atención a los estados emocionales: tanto quienes brindan atención de manera natural a sus estados emocionales como aquellos que son ayudados a hacerlo suelen regular mejor sus emociones (McFarland y Buehler, 1998 y McFarland *et al.*, 2003) que quienes no prestan la atención suficiente.

4. La costumbre en relación con los estados de ánimo: las personas que vivencia un estado de ánimo continuo, producto de las emociones experimentadas en su vida, no desean cambiarlo, aunque el mismo no sea adecuado (Mayer y Stevens, 1994).

5. Las expectativas generalizadas de regulación: todas aquellas personas que presentan motivación para lograr regular sus emociones de forma adecuada serán más propensas a lograrlo que aquellas que no tienen la motivación necesaria (Smith y Petty, 1995).

6. Niveles de autoestima: las personas con autoestima alta que experimentan emociones negativas tienden a lograr regularlas mejor que aquellas que no, debido a que se muestran más positivas y motivadas para conseguirlo (Smith y Petty, 1995).

7. La personalidad: la reevaluación cognitiva será fundamental para modificar la evaluación que hacemos sobre los eventos, debido a que, al realizar una nueva evaluación de ellos se disminuyen las respuestas emocionales displacenteras, como la ansiedad. Aquellos niños que utilizan la reevaluación cognitiva como estrategia presentan menos síntomas clínicos (Garnefski *et al.*, 2007).

8. El género: se ha demostrado que los varones suelen manifestar en menor grado sus emociones, a diferencia de las mujeres, que suelen experimentarlas y manifestarlas de forma más intensa (Agustine y Hemenover, 2009). Además, se ha demostrado que los varones emplean más estrategias que se consideran desadaptativas. Desarrollaremos este tema en el siguiente apartado.

9. Episodio o intensidad emocional: la duración, intensidad y valencia del episodio emocional influye en cómo se regulan las emociones (Agustine y Hemenover, 2009).

10. El estilo de apego: los individuos con un apego seguro tienden a manejar mejor sus emociones, mientras que aquellos con un apego inseguro pueden enfrentar más dificultades para regular sus sentimientos y comportamientos. Estas ideas fueron desarrolladas con mayor profundidad en el apartado sobre regulación emocional y estilos de apego.

Un aspecto relevante que puede ser considerado como variable son los rasgos de personalidad. La regulación emocional no adaptativa podría ser la de causa trastornos emocionales, como ansiedad y de estados de ánimo (Mineka y Sutton, 1992). Además, esta falta de regulación emocional podría o bien ser la causa de otros trastornos mentales o bien el elemento clave para su tratamiento: trastornos límite de la personalidad, trastornos por estrés postraumático, trastornos por abuso de sustancias (Werner y Gross, 2010).

Estudios realizados sobre la relación entre la extraversión y la ansiedad, así como el neuroticismo, la ansiedad y la depresión en niños demostraron que aquellos que presentaban emociones positivas lograban encontrar aspectos positivos en las situaciones sociales que suelen ser estresantes (Isen, 1990). Encontrar aspectos positivos en dichas situaciones aumenta los recursos de afrontamiento de las personas y les permite enfrentar situaciones negativas que son vivenciadas como amenazantes (Fredrickson, 2001).

La depresión se ha asociado con estrategias no adaptativas de regulación emocional como la rumiación, la evitación, la supresión del pensamiento y la supresión de las expresiones emocionales, estudios demuestran que, a mayor reevaluación cognitiva, se observan menores niveles de depresión (Aldao *et al.,* 2010).

La inestabilidad emocional en niños y adolescentes se ha asociado con estrategias no adaptativas —como la supresión de los estados emocionales—, que dificultan el vínculo con otros (Andrés *et al.,* 2016). se asocia con altos niveles de ansiedad, enojo, depresión e impulsividad (Costa y McCrae, 1992). Los niños se esfuerzan por mantener un control de sus expresiones corporales cuando vivencian emociones negativas para mantener un mejor vínculo con sus pares, presentan ansiedad y la depresión (Andrés *et al.,* 2016).

El buen o mal uso de las estrategias y de las variables implicadas condiciona la forma con la que se codifican las emociones. Esto establece un código de codificación que llamamos Alfabeto emocional a fin de pensarlo de forma educable. Diversos autores, cuando hacen referencia a los tipos de emociones, las dividen en positivas y negativas. Esta diferenciación no implica que en sí unas emociones resulten mejores que otras, sino que apunta al hecho de que la sensación que se experimenta a partir de algunas es más agradable. Por ejemplo, sentir alegría es más placentero que experimentar tristeza o enojo (Rotger, 2022).

Las emociones positivas producen una sensación agradable y satisfactoria en sí misma, y tienen efectos positivos en diversos aspectos de la vida. A través de diversas investigaciones, se ha aportado evidencia empírica de los efectos de estados emocionales positivos en la salud, relaciones sociales y conductas altruistas (Lyubomirsky *et al.*, 2005).

Ekman (2003) expone que las emociones positivas son provenientes de diferentes placeres sensoriales:

—Sensaciones táctiles: el placer se produce a través de las caricias, tocar o ser tocados.
—Sensaciones visuales: tales como el arte, la belleza, la naturaleza.
—Sensaciones auditivas: sentidas a través de palabras, la música e imágenes audiovisuales.
—Sensaciones gustativas: disparadas por la degustación de ciertos alimentos (Fredrickson, 2001, 2004).

Las emociones positivas permiten reducir el juicio a los demás y favorecen los vínculos interpersonales, conductas altruistas, mayor disfrute y mejor funcionamiento del sistema inmunitario y del vínculo de apego (Vázquez *et al.*, 2009, p. 38). Aunque sean breves, perduran más tiempo en las personas, contribuyen a pensamientos y conductas más creativas y estimulan a explorar el ambiente, a diferencia de las emociones negativas, que activan respuestas específicas, estereotipadas y automáticas (Vázquez *et al.*, 2009, p. 38). Por ejemplo, cuando sentimos miedo, las personas tendemos a huir; en el caso de la ira, la persona tiende al ataque; y, en caso de la tristeza, a llorar (Fredrickson, 2004).

Por todo lo comentado, la regulación emocional tiene también implicaciones en el desarrollo evolutivo, la primera se refiere al vínculo materno juega un papel fundamental para lograr una adecuada regulación emocional. Se ha comprobado científicamente que los niños que regulan mejor sus emociones son aquellos que cuentan con una participación activa de sus madres en su vida afectiva. Las madres brindan estrategias que permiten potenciar la autonomía de los niños. Ante emociones que son vivenciadas como desagradables (miedos o enojos), estos niños logran utilizar estrategias de afrontamiento más constructivas, como la búsqueda del juego o la autodistracción (Sevilla-Vallejo y Ceballos-Marón, 2021, p. 112). En cambio, los infantes cuyas madres no les brindan estrategias de auto-rregulación para las vivencias más intensas suelen ser más dependientes. Estos niños utilizan estrategias más primitivas, como la autotranquilización física, la búsqueda de contacto y una menor implicación en el juego (Lozano, 2004).

Un autor que ha investigado la influencia de los vínculos en el desarrollo humano es Bowlby (1976), que plantea la teoría del apego. El investigador señala que el apego les permite a los niños crear lazos de proximidad con sus padres o cuidadores a lo largo de la vida. Bowlby (1976) y Ainsworth *et al.* (1978), sostienen que los lazos que el niño logre con sus cuidadores serán esenciales en el establecimiento de vínculos de calidad con el resto de las personas. La madre es quien brindará firmeza, capacidad de exploración y la salida al mundo. Bowlby, en años posteriores (1980), expone que las experiencias presentes y pasadas se integran en esquemas cognitivos y emocionales. Este enfoque, que une los conceptos de emoción y cognición, será el punto de especial énfasis en su investigación.

Por su parte, Páez *et al.* (2006) toman en cuenta la teoría del apego y exponen que la misma asienta las bases de la inteligencia emocional, ya que permite un estilo más adaptativo y vinculado al bienestar. Los niños que poseen un estilo de apego más seguro poseerán una mayor inteligencia emocional, y la capacidad de regulación y verbalización de sus emociones. Es así que el vínculo familiar sentará las bases para la utilización de estrategias emocionales que el niño pondrá en juego al interactuar con otros (Redón-Arango, 2007; Underwood *et al.,* 1992; Saarni, 1984). Cabe resaltar que, en la primera infancia, la demostración emocional suele ser más espontánea, y que, luego de los seis años, la misma resulta influenciada por la familia y la escuela con el fin de cumplir un estándar social que resulte más apropiado y predecible.

Un número menor de niños en edad preescolar logra controlar la expresión de emociones negativas. Es decir, que la regulación emocional responde a normas sociales y culturales, siempre que se utilicen las estrategias más adaptativas y asertivas en ciertas situaciones (Harris *et al.*, 1986; Cole, 1986). La regulación emocional adaptativa depende en gran medida de un adecuado vínculo de apego. Dado que la investigación se centra en niños, es importante comprender los distintos estilos de apego. Gullón Guillermo (2019) considera que la intensidad de las emociones experimentadas va a depender del estilo de apego que logre el niño. Los tipos de apego que describe la autora son: apego seguro, ansioso-ambivalente, ansioso-evitativo y apego inseguro. Cuando se alude al concepto de apego seguro, se puede considerar que se trata de aquel momento en el cual el niño experimenta angustia cuando se separa del cuidador y logra volver a la calma cuando este regresa. Dicha interacción presenta calidez, confianza y seguridad (Ainsworth *et al.*, 1978).

Con respecto al apego ansioso ambivalente, se hace referencia a la angustia exacerbada que ocurre ante momentos de separación del niño con el cuidador y se puede observar que el niño muestra dificultad ante el reencuentro con el mismo. En la interacción se presenta con ambivalencias, enojos y preocupación (Ainsworth *et al.*, 1978). La emoción que se observa más frecuente es el miedo ante estímulos que provocan alegría, así como niveles de ansiedad, inseguridad y evitación elevados (Kochanska, 2001). También se observa miedo a ser rechazados y a la separación (Mikulincer *et al.*, 2002). En el tipo de apego ansioso-evitativo se puede observar que los bebés muestran altos niveles de ansiedad al momento de la separación con sus cuidadores y ante su llegada se muestra indiferente (Ainsworth *et al.*, 1978). Se puede observar distancia y evitación con el cuidador, inseguridad en el apego, altos niveles de ansiedad y distanciamiento emocional, que se muestra mediante una autosuficiencia compulsiva (Mikulincer, 2003). Fonagy (2000) asocia el estilo de apego inseguro temeroso con una inhibición en la expresión de las emociones negativas. En contraste, las personas con un estilo de apego seguro experimentan las situaciones como menos amenazadoras y poseen un nivel de afrontamiento más adaptativo. Estas personas logran reconocer y expresar sus emociones de forma más adecuada.

Así como se describió la asociación entre las emociones y el apego, a continuación, se abordará el vínculo entre este y la regulación emocional, ya que la forma en que se establece el apego influye en las estrategias de regulación emocional utilizadas (Kobak y Sceery, 1988; Lecannelier, 2002). En el caso del apego seguro, las estrategias utilizadas fundamentalmente son las de búsqueda y proximidad. Las mismas permiten la adecuada expresión emocional y protegen la salud (Fernández-Barra, 2020; Pennebaker, 1997; Salovey *et al.*, 2002). Las estrategias adaptativas de regulación emocional y el apego seguro se vinculan entre sí, debido a que los niños con este estilo de apego son curiosos, exploradores, y logran expresar, modular y flexibilizar sus emociones (Sroufe, 2000). Ante situaciones que son vivenciadas como intensas, estos niños lograr ser flexibles, modular los impulsos y resolver de forma eficaz un conflicto (Fernández-Barra, 2003; Giese-Davis y Spiegel, 2003; Salovey *et al.*, 2002 y Silva, 2008).   En el caso de niños con apego ansioso-evitativo, estos suprimen sus emociones y la búsqueda de proximidad (Fernandez-Barra, 2003; Giese-Davis y Spiegel, 2003; Salovey *et al.*, 2002; Silva, 2008). Los niños con apego inseguro-ambivalente suelen estar en constante hipervigilancia, utilizan estrategias de rumiación de pensamiento y sobreactivación. Estos niños suelen tener altos niveles de estrés y se encuentran más focalizados en recuerdos negativos (Fernández-Barra, 2003; Salovey *et al.*, 2002).

En cuanto a las etapas evolutivas la regulación emocional, tal como se expresó anteriormente, se logra con el desarrollo de los factores endógenos y exógenos. La autorregulación en un principio depende por completo de las figuras primarias; luego, a medida que se desarrollan los procesos cognitivos en el niño, alrededor de los ocho años comienza a ser autónoma (Páez *et al.*, 2006; Garnesfski *et al.*, 2007; Ceballos-Marón y Sevilla-Vallejo, 2020). Hasta que los niños logren desarrollar estrategias cognitivas de regulación adaptativas como la ree-valuación cognitiva dependerán de los adultos cuidadores para manejar las experiencias afectivas negativas muy fuertes. A continuación, se describe qué ocurre en cada etapa evolutiva hasta los doce años.

Los primeros meses de vida, se observa que los niños utilizan determinadas conductas para regular sus emociones de forma innata. Entre ellas se encuentra, por ejemplo, el chupeteo, que les permite disminuir niveles de ansiedad y autocalmarse (Cole y Kaslow, 1988). Según Kopp (1989), ciertas reacciones —como llanto, ruborización y succión— permiten responder a estados de placer y displacer o angustia. Alrededor de los cinco meses, los niños buscan el contacto visual o responden mediante el llanto cuando sienten hambre, pena o aburrimiento (Kopp, 1989). Entre los 12 y 18 meses, los niños comienzan a utilizar los objetos como medio de placer y distracción. Mediante el juego, expresan estados de disconfort y alivian su incomodidad. A esta edad se produce la marcha, lo cual permite la reducción de la proximidad materna y una mayor experiencia emocional propia. Además, los niños logran un mayor control en sus emociones, debido al desarrollo de la memoria, las habilidades lingüísticas y el juego. No obstante, la función materna continúa siendo fundamental en la actividad autónoma de los niños durante este período (Cole y Kaslow, 1988).

Entre los dos y los cinco años, los niños poseen la percep-ción de sí mismos y pueden darse cuenta de que sus acciones podrán hacerlos mejores o peores. Los niños logran empezar o finalizar ciertas conductas que les permiten regular sus emociones, y adquieren conciencia de que la regulación de sus emociones les permitirá eliminar aquello que les causa angustia (Kopp, 1989). Además, se desarrolla la conciencia del otro y es aquí donde empiezan a percibir la emoción desde una dimensión más de tipo social, y a reconocer y experimentar emociones tales como el orgullo y la vergüenza. Un hito del desarrollo que es fundamental tener presente es la adquisición del lenguaje, que será primordial para lograr una adecuada regulación emocional (Garber, y Dodge, 1991) y que en este estudio relacionamos específicamente con la comprensión lectora. Con el lenguaje, los cuidadores podrán enseñar a los niños cómo regular sus estados emocionales. En el caso del niño, además, podrá darse autoinstrucciones (Gross y Muñoz (1995). El lenguaje es primordial para lograr comprender las emociones, escuchar y pensar cómo regularlas (Kopp, 1989). A esta edad, las normas culturales cobran gran importancia, ya que modifican las expresiones de las emociones. Por ejemplo, los niños pueden cambiar la expresión facial en la experimentación de estas con el fin de evitar consecuencias sociales negativas (Southam-Gerow y Kendall, 2002).

Entre los cuatro y los seis años, los niños comienzan a comprender las dimensiones del mundo emocional, es decir, sus experiencias internas, como miedos, deseos y recuerdos. Son capaces de diferenciar los reales de los imaginarios (Dennis y Kelemen, 2009; Thompson y Lagattuta, 2006 y Thompson, 2011). Al distinguir las emociones que se experimentan como negativas (miedo, tristeza), los niños, a través del juego, por ejemplo, pueden modificar su intensidad. Así mismo, comienzan a ser conscientes de conductas desadaptativas como gritar o pegar (Dennis y Kelemen, 2009).

En edad escolar, los niños muestran esfuerzo por controlar sus expresiones faciales que son producto de las experiencias emocionales vivenciadas. Otro logro que corresponde a este momento evolutivo es la habilidad reflexiva de la experiencia interna, la capacidad de automonitoreo, la autoevaluación y el autorreforzamiento (Cole y Kaslow, 1988). Puede observarse que, producto de la dependencia interpersonal de los adultos que acontece a esta edad, los niños logran una mayor regulación afectiva y, con ello, el desarrollo de la autorreflexibilidad. El niño es capaz de reconocer que las emociones experimentadas perdurarán en el tiempo y podrán continuar afectando a una persona, como también comprenden que sus estados de ánimo influyen en las mismas y, por consiguiente, en su conducta

(Cole y Kaslow, 1988). Entre los siete y ocho años, acontece un importante cambio a nivel cognitivo, que da lugar a conductas menos egocéntricas. Esto permite a los niños ser conscientes de diversos puntos de vista y reaccionar de manera diferente a los acontecimientos (Piaget, 1981). Si los niños experimentan malestar ante ciertas circunstancias, podrán pedir el apoyo de los adultos o profesores, identificar sus emociones expresarlas de forma adaptativa. Por ejemplo, si se encuentran frente a un conflicto, son capaces de reconocer que pueden solucionarlo mediante el uso de las palabras en vez del uso de la agresión física. (Thompson y Goodman, 2010; Whaters y Thompson, 2011).

Entre los nueve y diez años, los niños comienzan a regular sus emociones de formas socialmente aceptadas (Eisenberg y Morris, 2002; Eisenberg y Spinrad, 2004; Eisenberg *et al.*, 2007; Denham *et al.*, 2007). Logran reconocer que, a nivel social, las emociones positivas son mayormente aceptadas, y expresan vergüenza e intento de control ante la demostración de emociones negativas (Pons *et al.*, 2004). Hay que destacar que la regulación emocional deja de ser externa para comenzar a ser interna, el niño analiza lo que sucede, lo identifica y pone en práctica aquellas estrategias de afrontamiento, la evaluación de nuevas situaciones y el intercambio de puntos de vista (Zeman *et al.*, 2006; Garnefski *et al.*, 2007; Gross y Thompson, 2007). Cabe destacar que en la infancia media o etapa escolar (seis a doce años), el hito del desarrollo más importante que acontece en la vida de los niños es el ingreso a la escuela. Es esperable que, para este momento, los niños hayan logrado cierto control conductual, prestar atención a estímulos relevantes e identificar sus emociones (Cole y Kaslow, 1988), que surgen producto de múltiples fuentes sociales: familia, escuela, los pares, etc. Si el niño observa a los adultos que lo rodean regular las emociones de manera adecuada, se supone que su propia regulación emocional debería ser exitosa o adecuada. De lo contrario, si sus figuras de referencia se encuentran desreguladas, probablemente él tampoco logrará autorregularse (Gross y Muñoz, 1995).

Sin embargo, entre los once y los trece años, la regulación cognitiva emocional es una etapa crítica, ya que los adolescentes se encuentran principalmente preocupados por su desarrollo corporal y la manera en la cual son percibidos por el resto, e intentan ser como sus pares (Sternberg y Lubart, 1995; Zeman *et al.,* 2006 y Brodbeck *et al.,* 2013). Muchos jóvenes presentan altos niveles de estrés y excitación emocional y cuando perciben que serán juzgados por sus pares las habilidades para regular sus emociones disminuyen, son menos asertivos y la toma de decisiones es limitada (Zeman *et al.,* 2006; Garnefski y Kraaij, 2006; Thompson, 2011; Van der Graaff *et al.,* 2014). En esta etapa destaca que el lenguaje permite la transmisión e interacción social y la interpretación de una emoción (Antoni y Zentner, 2014). Se adquiere de forma gradual y se hace evidente cuando el niño comienza a interactuar con los adultos en los primeros meses de vida. Se puede observar hasta los dos años un cambio cortical en las zonas frontales, área de Broca y en las áreas de Wernike, debido a que ocurre una mayor mielinización de estas áreas con el aumento del vocabulario. La adquisición del lenguaje se debe al trabajo de ambos hemisferios cerebrales, es decir, incluye la activación motora del hemisferio izquierdo y la representación sonora del hemisferio derecho. Con el aprendizaje de la lectura y escritura (procesos más simbólicos), la actividad se restringe más al hemisferio izquierdo. Se trata de un proceso lento y madurativo que ocurre en la interacción con el medio. Este proceso implica la representación de los objetos mediante las palabras. Es importante recordar que el lenguaje, además de su función comunicativa, posee una función reguladora de las emociones (Josep, 1982).

1.5. *Conoce las emociones en las diferentes etapas del desarrollo*

El período perinatal es sustancial, ya que puede afectar el desarrollo biológico, cognitivo, social y emocional del niño. Durante la primera infancia, se asimilan los conocimientos, habilidades y hábitos, como así también las capacidades y cualidades volitivo-morales (Gutiérrez-Duarte y Ruíz-León, 2018).

Diversos autores afirman que cuando existen condiciones que son estimulantes y favorables el desarrollo y el aprendizaje se lograrán de forma adecuada. Sin embargo, un ambiente desfavorable para el niño puede causar daños irreversibles (López y Siverio, 2005). Por lo tanto, las condiciones sociales y la educación serán factores clave para el desarrollo.

Por esta razón, cuando se observan deficiencias en el desarrollo cerebral, se pueden observar problemas en la salud de los pequeños, en el aprendizaje y en la socialización. A nivel general, se hace hincapié y se resalta la primera infancia como un momento esencial del neurodesarrollo debido a que en ella se consolidan estructuras neurofisiológicas que darán lugar a procesos psicológicos superiores (Gutiérrez-Duarte y Ruíz-León, 2018, p. 40). Un adecuado neurodesarrollo se deberá no solo a la genética sino a factores epigenéticos, que posibilitarán un adecuado proceso neurobiológico, psicológico y social (Piñeiro y Díaz, 2017, p. 119).

El desarrollo cerebral es un proceso preciso y complejo que comienza en el vientre materno a pocos días de la concepción. Para que sea adecuado, deben ocurrir las siguientes etapas, que son consecutivas y propensas a modificación por factores ambientales: proliferación neuronal, migración, organización y laminación, y mielinización (Medina-Alva *et al.*, 2015; Sevilla-Vallejo y Ceballos-Marón, 2021, pp. 109-110).

Proliferación neuronal: es el desarrollo de las neuronas. Ocurre en la primera mitad de la etapa de gestación, cuando llegan a desarrollarse hasta aproximadamente cien mil millones de neuronas.

Migración: se produce en la segunda parte del embarazo. Se trata de un proceso en el cual se desplazan las neuronas desde la parte más profunda del cerebro hasta la corteza. Este proceso puede ser afectado por la exposición del feto a medicamentos, tóxicos, estrés o alimentación deficiente (Medina-Alva *et al.*, 2015). Estos factores pueden afectar de manera notable, en el futuro, el aprendizaje y la comprensión lectora.

Organización y laminización: luego de las 25 semanas posteriores a la concepción ocurre el proceso de organización, mediante el cual se triplica el peso y volumen del cerebro debido a la aparición de millones de conexiones sinápticas y dendritas.

Mielinización: en este punto, los axones de las neuronas se recubren de mielina, con el fin de mejorar la velocidad de los impulsos nerviosos transmitidos. Desde el nacimiento y durante la etapa preescolar en el cerebro se va a producir la mayor cantidad de sinapsis y mielinización de las neuronas, lo que determinará conexiones sinápticas veloces y eficaces. Esta es una etapa plástica por excelencia.

Las funciones de los genes son muy complejas y sofisticadas. Entre los factores modelados por los genes se encuentran la memoria, la autoconciencia, la cognición, las emociones y la conducta. A pesar de que diversas manifestaciones tienen como punto de partida los genes, no hay un gen específico que determine la conducta o las enfermedades complejas. En cambio, estas son causadas por la interacción entre los genes y el entorno, lo que determina una experiencia subjetiva (Artigas-Pallarés *et al.,* 2013). Los factores que no son específicamente genéticos, sino estímulos ambientales, se denominan epigenéticos. En cuanto a ellos, las investigaciones demuestran que, durante el período de la infancia, la nutrición y buena alimentación cobran un papel esencial. Especialmente, la lactancia materna ayuda a tener una mejor calidad de vida y aprendizaje (Medina-Alva *et al.,* 2015). Otros factores epigenéticos tales como el sueño, la actividad física, los vínculos familiares y sociales influyen en el neurodesarrollo y, por consiguiente, en el aprendizaje y la adquisición de habilidades sociales.

El amor que el niño reciba, un entorno saludable, una adecuada alimentación y experiencias emocionales reguladas son clave en este sentido. Estos factores afectarán el grado de plasticidad neuronal y provocarán una mayor producción de sinapsis neuronales, lo cual implica, a su vez, una mayor integración de las funciones cerebrales (Butman, 2001; Medina-Alva *et al.,* 2015; Restrepo y Vallejo-Trujillo, 2018).

1) Importancia del sueño: en primer lugar, se tendrán en cuenta las horas de sueño de los niños, ya que resultan fundamentales porque el sueño es un proceso fisiológico de descanso de los hemisferios cerebrales, resultado de una vida activa y protector de la fatiga del sistema nervioso. La dificultad de lograr un sueño reparador es causal de problemas en la salud de los niños y de su aprendizaje. Al igual que la alimentación, es una necesidad básica que debe ser satisfecha por las familias. Los tiempos de sueños son primordiales para adecuados desarrollo cerebral y comportamiento infantil. El ciclo del sueño se divide en las fases REM y no REM. En la fase REM hay actividad cerebral, frecuencia cardíaca y respiratoria. Tanto el aprendizaje como la memoria se relacionan principalmente con esta fase, ya que en ella se procesan y almacenan en la memoria a largo plazo los acontecimientos y aprendizajes del día. La fase no REM, se caracteriza por un sueño más profundo y su función principal es la de reparar al organismo (Ojeda del Valle, 2012). Es fundamental tener presente que la cantidad de horas de sueño favorece la salud en general, ya que una buena noche de descanso permite tener un bienestar físico y psicológico (Miró *et al.*, 2005). Un estudio en adultos demuestra que la calidad del sueño repercute directamente en la regulación emocional: a medida que la calidad del sueño es más baja, las estrategias de regulación emocional utilizadas resultan más desadaptativas (Mata San Marcos, 2016). Esta información es muy importante, ya que los primeros años de la infancia los niños regulan mejor sus emociones si los adultos cuidadores regulan de forma adaptativa sus estados emocionales (Sevilla-Vallejo y Ceballos-Marón, 2021, pp. 110-111).

2) Actividad física: para conocer su importancia, se hace referencia a una investigación realizada a estudiantes de quinto y sexto grado de escuela primaria en la que se pudo comprobar que existe una correlación significativa entre los niveles de actividad física, la coordinación motriz y la destreza en lectura. García y Martínez (2014) especifican que la práctica de la actividad física es fundamental para la adquisición de procesos cognitivos tales como en la memoria, atención y lenguaje (Rodríguez-Muñoz, 2015). Erikson *et al.* (2015) demostraron que la actividad física en los niños aumenta el volumen del hipocampo y de los ganglios basales, lo cual permite que tengan patrones más eficaces y elevados de actividad cerebral y, por lo tanto, mejora el rendimiento cognitivo y escolar. La actividad física mejora y facilita la neuroplasticidad, lo cual conlleva beneficios a nivel neurocognitivo en la atención visual y auditiva, la velocidad de procesamiento y en la atención espacial. Los ejercicios físicos potencian la neuroplasticidad, lo que a su vez mejora el aprendizaje, ya que esta es la base para lograr el conocimiento. Asimismo, los procesos atencionales en los niños son muy importantes en la lectura y la escritura, y se ven beneficiados por la actividad física (Rodríguez-Muñoz, 2015).

La actividad física y la salud emocional se encuentran íntimamente vinculadas, ya que la primera contribuye al bienestar en general. Realizar actividad física aumenta los niveles de serotonina, que es un neurotransmisor que produce bienestar. Los deportes tienen una dimensión social y permiten mantener relaciones sociales y personales positivas y satisfactorias. Además, ayudan a disminuir los conflictos y las dificultades, lo cual mejora la capacidad de escucha, la comprensión y la empatía, así como la autonomía y la asertividad (Bisquerra-Alzina, 2003). Sin embargo, algunos deportes suelen causar emociones mal reguladas y actitudes violentas. Por ello, es muy importante tomar conciencia sobre esto y regular las emociones de forma apropiadas. Esto no significa reprimirlas, sino que es sinónimo de madurez emocional (Bisquerra-Alzina, 2003). La misma se encuentra desarrollada en el aparatado emociones y salud mental

3) Vínculo familiar: el vínculo con los niños es muy importante para lograr la regulación de las emociones y, por consiguiente, el aprendizaje (Ceballos-Marón y Sevilla-Vallejo, 2020). A continuación, se lo describe teniendo en cuenta la importancia en diferentes momentos del desarrollo infantil hasta los 12 años, ya que luego comienza la pubertad. Cabe aclarar que, teniendo en cuenta los conceptos teóricos expuestos por

Piaget (1997), que explica el desarrollo cognitivo de los niños hasta los 12 años, en esta investigación se tendrá en cuenta para las muestras estudiantes hasta los 12 años. Desde el nacimiento, cobran gran importancia las figuras parentales debido a que proveen al niño de los cuidados necesario y son quienes deben fortalecer la autoestima, posibilitar la identificación de las emociones y lograr la sociabilización secundaria (Martínez, 2010). Piaget (1997) divide a las etapas del desarrollo en cuatro estadios, para explicar de esta forma cómo se produce el proceso de adquisición de conocimiento que se encuentra unido al desarrollo de la afectividad y la socialización.

Primer estadio: el autor lo denomina período sensoriomotriz (1997). Aquí prima la inteligencia sensoriomotriz. Ocurre desde el nacimiento hasta aproximadamente los dos años, y es previa al leguaje y al pensamiento. En un primer momento, se pueden observar los reflejos innatos, que son las reacciones instintivas, y permiten la nutrición y reacciones simples de defensa. Aquí aparecen los primeros hábitos elementales, sensaciones y percepciones, los cuales se denominan esquemas de acción. A los seis meses, ya el niño logra incorporar nuevas percepciones de objetos a los esquemas de acción que ya tenía, lo que Piaget denomina proceso de asimilación. Estos esquemas se modifican a lo que llama acomodación. El interjuego entre la asimilación y la acomodación da lugar a esquemas más complejos y amplios, que permiten la adaptación al medio externo. Así se sientan las bases de las categorías del conocimiento tales como: objeto, espacio, tiempo y causalidad. Las mismas le van a permitir al niño diferenciar entre el mundo externo y su cuerpo para, por ejemplo, poder seguir objetos al diferenciarlos de sí mismo.

Segundo estadio: es el preoperatorio, que va de los 24 meses hasta los seis años de edad. Aquí se produce una evolución del pensamiento, y se logra una coordinación entre las acciones y las percepciones. Lo fundamental a esta edad es el desarrollo del lenguaje, que posibilita un importante progreso en el pensamiento y en el comportamiento.

Se observa que el niño desarrolla la imitación y la representación, que puede simbolizar e integrar los objetos a los esquemas de acciones anteriores. A partir de los tres años, la función simbólica se logra de forma tal que el niño, mediante el juego, puede reproducir vivencias del mundo, aunque de manera deformada. Cabe aclarar que puede simbolizarlas a través del juego, pero no pensarlas, ya que aún no puede separar la acción propia y el pensamiento. El juego simbólico cumple la función de la adaptación afectiva e intelectual de los pequeños. El pensamiento del niño resulta subjetivo y ocurre en el periodo preoperatorio.

Tercer estadio: es el de operaciones concretas y se extiende entre los siete y los doce años, en este momento ocurre una importante evolución en la objetivación, el pensamiento y la socialización. El niño comienza a salir del egocentrismo que ocurría en los estadios anteriores y muestra un mayor desarrollo cognitivo, afectivo y moral. Ya es capaz de aceptar y comprender el punto de vista de los demás y prever las consecuencias de sus acciones. Comienza la reversibilidad del pensamiento y la conducta cooperativa.

A partir de los doce años, los procesos cognitivos son más evolucionados. A este momento evolutivo, Piaget lo denomina operaciones formales. No lo desarrollaremos en profundidad, debido a que la investigación que se desea realizar tiene el objetivo de analizar muestras de niños entre los ocho y los doce años, es decir, se encontraría, de acuerdo a lo planteado por Piaget (1997), en el estadio de operaciones concretas.

Para especificar mejor el rango de edad que se analizará en la muestra, autores como Gonzáles y Rosario (2016) plantean que a los siete años comienza a madurar la corteza prefrontal y el aprendizaje se convierte en un acto voluntario. Es decir, que, hasta los ochos años, el cerebro se encuentra más sensible a la adquisición de conocimientos (Butman, 2001).

Goleman (1996) expone que es en el hogar donde se aprende sobre las diferentes emociones, los sentimientos y la forma de reaccionar ante ellos. En este proceso, los padres serán el modelo que cada niño imitará al momento de responder a ciertas dificultades y circunstancia de la vida. Por ello, cuando los estilos de crianza no resultan adecuados, suelen traer aparejados problemas cognitivos y socioafectivos, que pueden llegar a afectarlos a nivel personal, social y escolar, tanto en la adquisición del aprendizaje como a nivel conductual (Martínez, 2010).

Las estructuras básicas del sistema de recompensas del cerebro están localizadas en el sistema límbico. Las funciones de este sistema son las de monitorear la homeostasis interna, mediar memorias, la motivación, participar en el aprendizaje y modular las emociones, entre otras. Los núcleos básicos componentes de este sistema son el hipotálamo, la amígdala, el hipocampo, los núcleos del septo y el giro cingulado anterior. Además, encontramos el núcleo accumbens, el núcleo caudado ventral, y el putamen. Las funciones de este sistema tales como la motivación, la memoria y las emociones serán claves para lograr el aprendizaje.

1.6. Cómo afectan las emociones a la salud física y mental de niños y jóvenes

Una adecuada regulación emocional es decisiva en la salud de los más jóvenes. Para estudiarlo, nos centraremos en los efectos de las emociones que se tienen en cuenta en la tarea TIRC, la escala que utilizamos para valorar la reevaluación cognitiva (Andrés, Ceballos-Marón y Sevilla-Vallejo, 2023). En este sentido, es importante partir de que las emociones causan respuestas neurofisiológicas diferentes, incluyendo secreción de neurotransmisores y hormonas. El neurotransmisor es una biomolécula que transmite información de una neurona a otra consecutivamente mediante sinapsis. Las hormonas, por su parte, son sustancias químicas de acción especializada que actúan como si fueran mensajeras, controlando tejidos y órganos de cualquier parte del organismo. Se comunican con los órganos que encuentran y, en oportunidades, funcionan como neurotransmisores. Por ejemplo, la noradrenalina, que interviene en la emoción de la tristeza, es secretada tanto por las neuronas como por las glándulas suprarrenales. El efecto de las hormonas es mucho más prolongado que el de un neurotransmisor. De este modo las emociones positivas producen sustancias tales como dopamina y serotonina. La dopamina genera sensaciones agradables en nuestro cerebro, además de euforia o excitación, lo que favorece el sistema inmune y trae como consecuencia que nos encontremos saludables. Asimismo, es considerada parte del sistema de recompensa que surge de situaciones o eventos agradables, como comer algo rico, jugar, entre otros. Posee una función anticipatoria del efecto positivo que lleva a la preparación y anticipación de la conducta que ocurrirá.

En el caso de la serotonina, la misma es generada a partir de emociones que son percibidas como positivas, y brinda sensación de euforia y bienestar. Hay eventos, como un trabajo placentero, el arte o la lectura, que son capaces de inducir la segregación de serotonina en el organismo y aumentar las defensas del sistema inmune. A continuación, se describen los efectos bioquímicos de algunas de las emociones que trabajamos en la presente investigación.

- —Alegría: es una emoción que ocurre en nuestra vida cuando nos ocurre algo positivo o favorable, como lograr metas que deseamos en la vida, tener buenas relaciones con amigos, sentir éxito —por ejemplo, al rendir bien un examen—, curarse de una enfermedad, terminar los estudios, etc. La alegría es producida por dos sustancias: la endorfina y la dopamina (De Jesús Ramos *et al.,* 2019).
- —La ira o el enojo: es una emoción habitual y tiene gran connotación en la persona. Influye a nivel familiar y escolar. La ira se controla en los lóbulos frontales, por lo que lesiones en esta área pueden producir dificultades en este aspecto. Además, niveles bajos de serotonina facilitan la aparición de la ira y pueden derivar en problemas de agresividad; la serotonina funciona como inhibidor del enfado y de la agresión (Rodríguez *et al.,* 2009).

—Miedo: se trata de una angustia que ocurre por un riesgo de daño real o imaginario, aparece cuando alguien piensa que le va a suceder algo contrario a lo que él desea. Algunos miedos más frecuentes son a la muerte de un ser querido, pérdida de un animal y una catástrofe natural, ente otros. La manera más frecuente de enfrentar el miedo es evasión o huida de la situación peligrosa que la está provocando. La causa de sentir miedo es la mezcla de tres neurotransmisores y su influencia: la dopamina, la serotonina y la noradrenalina. Cuando estos tres neurotransmisores actúan para generar está emoción, también se provoca una sensación de angustia y ansiedad, mediante una reacción automática ante el estímulo (Rodríguez *et al.*, 2009).

—Tristeza: esta emoción es experimentada ante la pérdida de algo o alguien que valoramos, como la salud, bienes materiales o seres queridos. Una separación, una enfermedad o el desempleo también son causales de tristeza. Experimentar esta emoción provoca un bajón de energía en el organismo, lo que afecta las relaciones sociales y disminuye la capacidad de atención ante los estímulos. Por ejemplo, en un examen, puede ser difícil focalizar la atención en los resultados. Muchas veces se confunde tristeza con depresión, por lo que es importante reconocer cuáles son los síntomas propios de esta patología (Rodríguez *et al.*, 2009). La disminución de la noradrenalina y la serotonina en el cerebro dan lugar a la aparición de la pena o la tristeza. Los niveles bajos de estos neurotransmisores causan pena o debilidad mental, ya que la serotonina es responsable de mantener el equilibrio de nuestro estado de ánimo. Cuando disminuye la serotonina, se produce un estado de tristeza. La noradrenalina, que deriva de la familia de la dopamina, tiene un efecto excitatorio y permite la transmisión del mensaje en distintas zonas del cerebro hacia el exterior. Es un neurotransmisor que actúa en casi todas las zonas de nuestro cerebro, es muy importante en el sistema nervioso simpático y también actúa en el sistema endocrino como una hormona. Bajos niveles de noradrenalina producen depresión, trastorno por déficit de atención con hiperactividad, pena y tristeza (De Jesús Ramos *et al.*, 2019).

Ahora vamos a considerar los efectos sociales de las emociones. Las emociones positivas mejoran los vínculos interpersonales y sociales, y permiten respuestas de aproximación. Experimentarlas fomenta conductas cooperativas, la generosidad y la ayuda a los demás (Rodríguez *et al.*, 2009). Las experiencias emocionales que experimentan las personas pueden interferir en sus procesos cognitivos al momento de lograr un adecuado aprendizaje (Gumora y Arsenio, 2002). Cuando las personas son incapaces de regular adecuadamente las experiencias negativas, no logran identificar la información relevante, y ello tendrá un impacto negativo en la adquisición de conocimiento (Medrano *et al.*, 2013).

Por su parte, las emociones positivas se encuentran asociadas a una buena salud, permiten el afecto y la supervivencia. Las personas que experimentan habitualmente emociones positivas suelen vivir por más tiempo y tienen menos sensibilidad al dolor, un estilo de vida más activo y mayor motivación al cuidado personal (Rodríguez *et al.*, 2009).

Experimentar emociones positivas es clave para lograr una mayor regulación de los estados emocionales. Estas modulan la expresión emocional y la tendencia a la acción (Fernández-Abascal, 2009, p. 39). En este sentido, Fredrickson (2004) y su equipo realizaron investigaciones que demostraron que las emociones positivas mejoran los recursos intelectuales y contrarrestan los efectos de las emociones negativas. En este sentido, las emociones positivas protegen contra trastornos depresivos, aumentan la resistencia al estrés y la tolerancia a la frustración, al tiempo que mejoran el aprendizaje de nueva información y elevan la resiliencia.

1.7. Intensidad emocional. Definición y diferencia entre géneros

De todo lo anterior se deduce que hay formas mejores y peores de gestionar las emociones, pero nos falta por ahora un criterio objetivo para valorar las estrategias emocionales. Este reside en la intensidad emocional como se va a exponer. La intensidad emocional es entendida aquí como el grado de activación (cognitiva, fisiológica y motora) que acarrea la reacción emocional, el grado de expresión de esta respuesta, así como la fuerza con que se experimenta subjetivamente (Ortiz, 1999, p. 1). Conocer sobre la intensidad emocional resulta de interés debido a que lograr una adecuada manera de regular los estados emocionales permitirá realzar o atenuar la intensidad emocional experimentada ante un determinado evento. Esto acelerará o retrasará el inicio y la recuperación del niño frente a la vivencia de una emoción. La herramienta Tarea TIRC será de gran utilidad en este aspecto, ya que permite medir de manera cuantitativa la intensidad emocional experimentada ante diversos sucesos emocionales. Al hacer referencia a la intensidad emocional, se puede decir que la misma limita o fomenta la persistencia de una emoción, e incrementa o disminuye el rango de estabilidad o labilidad emocional (Redón-Arango, 2007). Es propicio tener en cuenta que la intensidad emocional y la reevaluación cognitiva se encuentran negativamente relacionadas, es decir, aquellos niños que presentan mayor intensidad emocional presentan menor reevaluación cognitiva. Cuando una experiencia emocional es muy intensa, resulta difícil de regularla por una dificultad en las habilidades de las funciones ejecutivas que da lugar a la perseverancia o rumiación. Los niños que logran regular esta activación emocional tienen mayor posibilidad de vincularse de manera positiva. Es decir, si hay una baja regulación emocional y una alta emocionalidad negativa, es probable que presenten problemas conductuales, dificultades de adaptación y un mayor nivel de agresividad (Fabes y Eisenberg, 1992; Eisenberg *et al.*, 1997).

Si bien la intensidad emocional se podría estudiar en relación con muchas características, un caso particularmente interesante es el género. Las mujeres suelen ser más expresivas que los varones, y, por ello, muestran respuestas psicofisiológicas más fuertes ante la presencia de diversos estímulos. Dicha situación podría explicarse debido a que, a nivel anatómico, las mujeres presentan mayor volumen de sustancia gris en la corteza cingulada, que es parte del sistema límbico (Bisquerra, 2001); o podría deberse también a aspectos culturales. En cualquier caso, numerosas investigaciones han demostrado que se puede observar una mayor intensidad emocional en las niñas que en los niños, y que habría una mayor reactividad emocional negativa de parte de las niñas en relación con sus pares varones (McManis *et al.*, 2001; Charbonneau *et al.*, 2009). Asimismo, otras investigaciones demuestran que los varones suelen manifestar en menor medida sus estados emocionales y con un grado de intensidad menor al género opuesto, y que reconocen peor las emociones (Herba *et al.*, 2006). Además, los varones suelen utilizar estrategias de regulación emocional más desadaptativas (Agustine y Hemenover, 2009). Por el contrario, las niñas aplican más la reevaluación cognitiva, por lo que regulan de forma más adaptativa sus estados emocionales (Mayer *et al.*, 1997), dicha premisa pudo corroborarse en estudios recientes llevados a cabo como antecedentes a la investigación.

A medida que se incrementa la edad y la reevaluación cognitiva, se puede observar que disminuye la intensidad emocional, este hecho también se observó predominantemente en niñas (Ceballos-Marón *et al.*, 2023), en caso de los niños que poseen mayor habilidad de reevaluación cognitiva presentan menores síntomas de ansiedad y son más tranquilos. En estudios anteriores de la escala TIRC, en lápiz y papel, se evidenció que la habilidad de reevaluación cognitiva aumenta con la edad y que los niños con mejores funciones ejecutivas presentan más habilidades de reevaluación cognitiva, esto permite conocer: intensidad emocional, reevaluación cognitiva, indicadores de eficacia de la reevaluación cognitiva e índices de la disminución de la intención emocional que surgen luego de la reevaluación cognitiva (Andrés *et al.,* 2016). Con respecto a la intensidad emocional, se observó que se encuentra directamente relacionada con la habilidad de reevaluación cognitiva. Los niños que demostraron mayor nivel de intensidad emocional no lograron identificar de manera adecuada los enunciados planteados que daban lugar a la reevaluación cognitiva. Esto indica que las experiencias emocionales demasiado intensas se deben a una dificultad en la implementación de estrategias cognitivas más adaptativas (Andrés *et al.,* 2016).

1.8. La Tarea TIRC

La evaluación de la regulación emocional —ya sea que se realice a través de medios digitales o analógicos—, se ha realizado tradicionalmente mediante cuestionarios o autoinformes (Zelkowitz, y Cole, 2016); sin embargo, se ha indicado que la autopercepción de una habilidad o estrategia puede diferir de su implementación efectiva (Troy *et al.,* 2010).

Si bien las tareas de lápiz y papel son ampliamente utilizadas, las tareas informatizadas consisten en actividades cuyos ítems se presentan y responden por medio de una computadora, que además permite estimar el rendimiento del evaluado (Lozzia *et al.,* 2013). Las tareas informatizadas presentan múltiples ventajas respecto a las de lápiz y papel. Entre ellas, se destacan el logro de una mayor uniformidad relativa a las condiciones de administración, el control y precisión en la presentación de los ítems, el registro automático de las puntuaciones y el almacenamiento de las respuestas (Soto- Pérez *et al.,* 2010; Lozzia *et al.,* 2013). La informatización puede realizarse tanto de modo *online* como *offline* (a través de una conexión a internet o un programa ejecutable), aunque las versiones online permiten además las administraciones remotas.

Estas tareas consisten en un conjunto de métodos que no requieren la presencia del examinador en el mismo lugar físico en que se encuentra el examinado (Farmer *et al.,* 2021) —por ejemplo, una entrevista telefónica (Ceballos-Marón *et al.,*

2023)—, y se asocian a una serie de ventajas que comparten con la telepsicología, tales como la reducción de la distancia geográfica, el resguardo de la salud por menor exposición, mayor acceso a la atención, bajo costo de implementación, etc. (Jara *et al.*, 2022). Si las tareas remotas son, además, informatizadas y online, conllevan ventajas adicionales: rapidez, bajos costos y gran accesibilidad (Lozzia *et al.*, 2013). La evidencia disponible sobre la factibilidad y validez del uso de tareas informatizadas y remotas refiere principalmente a adultos (Farmer *et al.*, 2021).

No obstante, Wright (2018a) evaluó la equivalencia entre la administración remota y online y la tradicional cara a cara de la Escala Reynolds de Inteligencia para Niños, Segunda Edición (RIAS-2), los resultados mostraron propiedades psicométricas comparables en ambas versiones. Por otro lado, Daniel y Wahlstrom (2019) evaluaron la equivalencia de la versión en lápiz y papel y una versión digital (adaptada para una plataforma denominada *Q-interactive*) de la Escala de Inteligencia de Wechsler para niños (WISC-V). Sus resultados mostraron equivalencia entre los puntajes brutos de ambas versiones. Hodge *et al.* (2019) encontraron que la evaluación cognitiva mediante una plataforma virtual (*Coviu*) de niños con dificultades intelectuales resultó comparable a la evaluación cara a cara. Asimismo, Sutherland *et al.*, (2019) evaluaron el lenguaje en niños con dificultades de aprendizaje de manera remota y cara cara, sus resultados mostraron que ambas evaluaciones estaban correlacionadas de manera significativa. También, Guzmán y Grajo (2020) analizaron las propiedades psicométricas de un test de escritura informatizado (con posibilidades de utilizarse a futuro de forma remota) en niños y hallaron evidencia preliminar satisfactoria. Y, finalmente, en el mismo año Kelleher *et al.* (2020) desarrollaron un protocolo de evaluación remota para padres y cuidadores de niños con Síndrome de Down (PANDABox), las habilidades evaluadas fueron atención, lenguaje, comportamiento motor y atípico para niños; si bien los autores no realizaron análisis de versiones equivalentes, sus resultados mostraron que la evaluación resultó factible, con seguimiento de consignas por parte de los padres y alta motivación en los niños.

En cuanto a habilidades de regulación emocional, los estudios sobre tareas informatizadas y remotas son más escasos, Gutiérrez-Maldonado *et al.* (2014) crearon un set virtual de rostros dinámicos para evaluar el reconocimiento facial de emociones en adultos, cuyos resultados mostraron ausencia de diferencias significativas en el reconocimiento evaluado mediante el set dinámico y el reconocimiento evaluado de la manera tradicional con fotografías. Por su parte, Kjærstad *et al.* (2022) evaluaron la factibilidad y validez de una tarea de regulación emocional virtual que aplicaron a una muestra de pacientes adultos con trastorno bipolar, y los resultados mostraron que los pacientes con trastorno bipolar tuvieron más dificultades de regulación emocional que el grupo control en la tarea virtual pero no en la tradicional; los autores interpretan estos resultados como un indicador de la mayor sensibilidad lograda por el paradigma virtual para la evaluación de la regulación emocional. No obstante, Dor *et al.* (2022) analizaron la validez de una tarea online para evaluar la percepción de emociones en el lenguaje hablado (iT-RES) y sus resultados mostraron el cumplimiento de tres criterios de validez: mejor identificación de las emociones en el grupo adulto joven que en el adulto mayor, mayor cantidad de fallos de atención selectiva en el grupo de adultos mayores y menor sensibilidad a la prosodia en este mismo grupo. En cualquier caso, hasta el momento se ha registrado un único estudio que evaluó la factibilidad y propiedades de una tarea informatizada y remota de regulación emocional en niños. Slater *et al.* (2020) desarrollaron una tarea de reconocimiento emocional (Facial Expressions) para ser realizada desde un *smartphone* para niños y adultos con trastorno del espectro autista, sus resultados mostraron que la tarea es factible y que posee adecuadas propiedades de confiabilidad y validez.

Por todo lo comentado, este estudio cubre un campo de conocimiento escasamente abordado y, además, por razones contextuales tuvo aún mayor importancia. Con pandemia (covid-19), los profesionales de la salud y la educación se enfrentaron con la necesidad de realizar evaluaciones psicológicas mediante medidas de aplicación remotas (Farmer *et al.*, 2020). Este libro además de aportar entrevistas sobre el impacto psicológico y emocional de la pandemia en niños y adolescentes (Racine *et al.*, 2020; Sevilla-Vallejo y Ceballos-Marón, 2020), transforma la Escala TIRC en la Tarea TIRC. Resultó un gran avance contar con tareas comportamentales de regulación emocional informatizadas que puedan ser administradas de vía remota, convirtiéndose en un recurso para futuras evaluaciones (Ceballos-Marón, 2020).

La escala TIRC de Reevaluación Cognitiva (Andrés, 2016) se trata de una tarea en su versión original en lápiz y papel, que consiste en la presentación de situaciones que disparan estados emocionales displacenteros; luego se instruye al niño a pensar de qué forma podrían mejorar en un futuro logrando interpretaciones más positivas. Está compuesta por bloques: en el bloque 1, llamado intensidad emocional, se le muestra al niño o niña diferentes situaciones que causan emociones percibidas como negativas y se le pide luego que indique que emoción le causa esa situación. Las opciones que se le muestran son tristeza, enojo, miedo, vergüenza, disgusto, sorpresa y alegría. Posteriormente, se le pide que indique el nivel de intensidad emocional le produjo dicha emoción teniendo en cuenta una escala Likert que vade1 (nada)a7(muchísimo). En el bloque 2, llamado identificación de reevaluación cognitiva, se le indica al niño o la niña sobre el significado de reevaluación cognitiva a través de la presentación de un ejemplo, su explicación y 2 ensayos como práctica, en ambos se le brinda según la respuesta escogida una retroalimentación. Por último, se le vuelven a presentar las situaciones del bloque 1 (compuesta por seis enunciados) que se encuentra dividida de la siguiente manera: la mitad de ellos representan reevaluaciones cognitivas, y el resto son distractores. El niño debe escoger dos enunciados y luego indicar la intensidad emocional experimentada, en una escala Likert que va de 1 (casi nada) a 7 (muchísimo). Se califican con 0 puntos los distractores y con 1 punto las opciones de reevaluación cognitiva. La suma de las cinco situaciones de reevaluación cognitiva indica la habilidad de reevaluación cognitiva.

Los autores de este libro junto con la autora Laura Andrés han digitalizado esta herramienta para convertirla en la Tarea TIRC, que se presenta en este estudio. El formato que se lleva a cabo respeta la estructura de la Escala TIRC, pero en formato remoto, a través de videos y gráficos (Ceballos-Marón y Sevilla-Vallejo, 2022, p. 6).

2. COMPRENSIÓN LECTORA

2.1. Estadios de la comprensión lectora

Para un mejor entendimiento se desarrollará en primer lugar el proceso lector con sus niveles e implicancia y luego se definirá lo que se entiende por comprensión lectora.

Con el inicio escolar, los niños deben lograr el desarrollo de las competencias académicas, sociales, de autonomía, libertad y creatividad, en todo lo cual las familias y docentes tienen un rol principal. Por esto, la enseñanza de la lectura debe ser previamente planificada y motivada por los maestros y los padres, con el fin de que el niño acceda al proceso de comprensión lectora y adquiera la capacidad de forma segura. La enseñanza de la lectura en la educación básica es una prioridad de los docentes que permitirá a sus alumnos tener éxito a nivel académico y, específicamente, en la lectura (Elosuá y García, 1993).

En un estudio previo, se estableció la relación entre la regulación emocional y la comprensión lectora, y se concluyó que el alumno necesita regular sus propias emociones para mantener la motivación en la lectura y para llevar a cabo los procesos cognitivos que implica (Ceballos-Marón y Sevilla-Vallejo, 2020).

La comprensión lectora puede definirse como una actividad cognitiva compleja del procesamiento de la información, a partir de la cual se logra la comprensión del material escrito (Elosuá y García, 1993, p. 13).

Según diversas investigaciones realizadas en niños, la habilidad lectora es una "competencia básica y fundamental en niños que transitan la escuela primaria" (Ceballos-Marón y Sevilla-Vallejo, 2020). Por eso, insistimos en que el proceso lector será la base para lograr la construcción de un aprendizaje significativo y para la propia experiencia psicológica.

Los procesos ascendentes hacen referencia a la manera en que el lector construye el significado de un texto partiendo desde los componentes más básicos hacia los más complejos: patrones gráficos, palabras, relaciones sintácticas, significado de las frases (por separado), significado de las frases en ciclos (conjuntos de frases), integración del texto (construcción del significado global del texto) y construcción del modelo situacional (relacionar lo anterior con el contexto en el que surge). De este modo, podemos entender que la lectura sigue en parte una cadena analítica en la que se va accediendo a los rasgos textuales cada vez más elaborados de manera secuencial para ir incorporándolos. El texto se abriría poco a poco al lector, el cual tendría que ir sumando estos rasgos hasta llegar a la comprensión completa del texto.

Los procesos descendentes, por su parte, representan el camino contrario. En este modelo, un lector experto utiliza su conocimiento previo como guía para la lectura del texto. Así, el conocimiento del contexto y la capacidad de establecer un significado global orientan el proceso de lectura para avanzar desde el significado de las frases en ciclos hacia el significado de las frases individuales, las relaciones sintácticas, las palabras y los patrones gráficos.

La combinación de los procesos ascendentes y descendentes da lugar al "modelo interactivo, que considera la lectura como un proceso complejo en el cual concurren, de manera interactiva y simultánea, cuatro componentes: el escritor, el lector, el texto y el contexto en el cual ocurre todo el proceso" (Martínez- Albarrán, 2016, p. 17). Distintas investigaciones dan cuenta que, para que el niño logre un correcto proceso de comprensión lectora, requiere de motivación, desarrollo de procesos cognitivos adecuados y una regulación adaptativa de los procesos emocionales (Ceballos-Marón y Sevilla-Vallejo, 2020). Esto demuestra que las dificultades en la regulación emocional afectan significativamente el rendimiento académico y el proceso de comprensión lectora (Graziano *et al.*, 2007 y Alonso-Tapia, 2005, p. 64).

Para tener en claro la importancia de la lectura en la etapa infantil, se debe conocer cuál es la función de esta. La lectura permite al niño identificar, interpretar, discriminar, clasificar, examinar, criticar y construir. Es decir, permite la construcción de un aprendizaje significativo y de la experiencia psicológica (Sevilla-Vallejo y Ceballos-Marón, 2020). Para lograr que el niño adquiera la comprensión lectora, hay diversos componentes que deben estar presentes. Por un lado, el factor motivación será esencial, y, por otro lado, los docentes deben reflexionar acerca de la situación de la lectura, fascinando a los alumnos con el contenido y teniendo presente que sean capaces de comprender profundamente el texto (Sevilla-Vallejo, 2018). Tal cual ha estudiado Alexis-Sierra (2009), la lectura sigue cuatro estadios de progresiva profundidad en la comprensión lectora:

— Comprensión cero: supone la simple conversión de los signos escritos en fonéticos. Se identifican las letras y las palabras, pero no se llega a captar su significado.
— Comprensión literal: grado elemental de la lectura, es decir, la comprensión superficial del autor. Este nivel exige un proceso de reconocimiento e identificación del significado explícito en la secuencia de palabras y sus relaciones gramaticales y sintácticas en párrafos y capítulos. Aquí el lector identifica situaciones, relaciones espaciales, temporales y causales de lo que el autor del texto manifiesta en forma directa y explícita.
— Comprensión inferencial: el lector va más allá del texto explícito para deducir o interpretar las intenciones o propósitos del autor, sus pensamientos, juicios y ase- veraciones, estado de ánimo y actitudes.
— Comprensión crítica: requiere procesos de valoración y enjuiciamiento por parte del lector sobre las ideas leídas, con el fin de desarrollar los principios y fundamentos que le permiten juzgar adecuadamente las ideas expresadas por el autor. Este nivel supone deducir implicaciones,

obtener generalizaciones no establecidas por el autor, especular acerca de las consecuencias, distinguir entre hechos y opiniones, entre lo real e imaginario, y elaborar juicios críticos sobre las fuentes, la credibilidad y la comprensión del autor.

Así, la comprensión lectora debe dirigirse tanto a la motivación, como a los componentes en los que se estructura el texto. Para conseguir ambas cosas, necesitamos dar un contenido humano a la lectura que incorpore los aspectos gramaticales en la experiencia de la lectura. El docente debería conseguir que el alumno recorra estas formas de la comprensión y, aunque el manejo de los niveles lingüísticos es necesario, no puede limitarse a ello porque esto no ofrecería un valor significativo que permita sobre todo la comprensión inferencial y crítica (Ceballos-Marón *et al.*, 2023).

La lectura es un proceso que lleva a los alumnos a un conocimiento progresivamente más profundo sobre los hechos contados, las inferencias acerca de la identidad y situación del narrador, la valoración de la información recibida y la elaboración de criterios propios. Nuestro trabajo docente e investigador nos lleva a pensar que una manera de favorecer este ahondamiento de sentido en la lectura de nuestros alumnos pasa por acercarla a su propia identidad.

En este trabajo se propone un acercamiento a la lectura desde las mímesis, ya que estas ofrecen una perspectiva sobre la psicología de los lectores que abre el camino a la interpretación del texto. Las mímesis, según las postula Paul Ricoeur, son etapas del proceso narrativo que facilitan la comprensión y la interpretación del texto. En la mímesis I o prefiguración se busca que el lector conecte con el texto gracias a "una experiencia cercana, bien porque la haya vivido, bien porque la ha fantaseado con anterioridad" (Roca-Sierra, 2003, p. 49). Después, ofrecen al alumno una visión coherente acerca de los personajes, del mundo en el que viven y de la aventura que se relata, en la mímesis II o configuración. Por último, favorecen un cambio interno en el alumno que, después de haber vivido las aventuras del personaje y de haber reflexionado sobre ellas, no solo comprende mejor el libro, sino que se comprende a sí mismo y comprende el mundo mejor (Roca-Sierra, 2003, p. 51), en la mímesis III o refiguración. Estos tres pasos constituyen el arco mimético, por el que la lectura parte de la experiencia, analiza el texto y regresa nuevamente a la experiencia. Cuando abordemos la rúbrica CLAN explicaremos las mímesis con más detalle (Ceballos-Marón *et al.*, 2023).

Existen numerosas herramientas para valorar la lectura de forma amplia y también un número considerable de herramientas para medir la comprensión lectora bajo un modelo teórico de lo que esta supone. No obstante, la medición de la comprensión lectora resulta compleja porque se trata de una competencia que tiene algunos aspectos objetivos y otros claramente subjetivos. Algunas pruebas académicas y la mayor parte de las pruebas escolares se refieren al acierto de respuestas prefijadas o establecen una división entre acierto y error que no puede referirse a la comprensión inferencial y crítica. Un ejemplo de esta limitación se observa en el estudio que López (1983) dedicó al Test Cloze, que puede servir para trabajar léxico y la comprensión literal, pero en el que se emplean tareas cerradas, que resultan tan mecánicas que no cabe ninguna participación activa por parte del alumno. En el caso de esta investigación, trabajamos con la escala TIRC, que utiliza la lectura con frases que el alumno puede acertar o no y, por ello, tendría la misma limitación. La rúbrica CLAN, por su parte, se dirige a conocer la motivación lectora del alumno, los elementos propios de una narración y los niveles lingüísticos con preguntas abiertas para conocer sus reflexiones. En este capítulo nos vamos a centrar en los niveles lingüísticos (Ceballos-Marón *et al.*, 2023).

A continuación, se van a desarrollar apartados que se relacionan con el traslado educativo que haremos más adelante de las tres mímesis de Paul Ricoeur.

2.2. La motivación para la comprensión lectora

La motivación académica es un constructo psicológico utilizado para explicar el comportamiento voluntario e implica un deseo de desempeñarse "bien" en el aula. Dicho deseo se ve reflejado en conductas voluntarias que, eventualmente, llevan a un desempeño contrastable, como la asistencia a clases, el cumplimiento de tareas, etc. Entendida de este modo, juega un papel fundamental en el proceso de enseñanza-aprendizaje, y debe ser tenida en cuenta por los docentes y la familia para ayudar al niño a encontrar alegría, autoafirmación y confianza en sí mimo/a. Esto colabora con la consecución de logros en su proceso de aprendizaje. Más adelante veremos su relación con la Mímesis I de Paul Ricoeur.

De acuerdo con Vigotsky (1984), que el acompañamiento por parte de un adulto en el proceso formativo adquiere una importancia superlativa para la motivación de los infantes y adolescentes. Sin embargo, actualmente, debido a la creciente demanda de horas laborales y la consiguiente disminución del tiempo dedicado a la realización de tareas con los niños, el acompañamiento y la motivación a menudo se relegan a terceros o se descuidan por completo. La presencia de un adulto no solo es crucial por su rol de mediador en los aspectos cognitivos y metacognitivos, sino por el que cumple en la formación de la personalidad de los niños y, como se verá más adelante, importan mucho los puntos de vista de padres y docentes. En palabras de Klimenko y Sepulveda (2013):

> Un buen acompañamiento de la actividad escolar del niño, con adecuada mediación cognitiva y motivacional-emocional, realizada, además, por un adulto significativo emocionalmente para el niño, permite sentar bases de unas funciones psíquicas superiores sólidas que permiten a su vez al niño alcanzar un eficiente desempeño escolar y asegurar una buena motivación frente al estudio y aprendizaje (p. 79).

Este interés que percibe el niño de sus padres frente a sus asuntos escolares o frente al aprendizaje en general, permite fomentar en él el interés y la motivación por aprender, lo cual es un aspecto esencial para asegurar la continuidad del aprendizaje. En cuanto a la motivación y su relación con los procesos de aprendizaje, es necesario distinguir entre la motivación extrínseca y la motivación intrínseca, siendo esta última particularmente importante. Lograr una motivación intrínseca adecuada, permite la continuidad del aprendizaje y asegura, además, un aprendizaje significativo, debido a que se aprende y se estudia por interés propio y no por las notas o reconocimiento externo (Klimenko-Sepulveda, 2013). Según Ospina (2006), la motivación intrínseca "tiene su procedencia a partir del propio sujeto, está bajo su dominio y tiene como objetivo la experimentación de la autorrealización, por el logro de la meta, movido especialmente por la curiosidad y el descubrimiento de lo nuevo" (p. 159).

Parafraseando a Klimenko y Álvarez (2009), el componente de la motivación intrínseca se operacionaliza mediante cuatro aspectos:

a. Motivación epistemológica: se refleja en el interés y la curiosidad mostrados por el niño acerca de los temas tratados en clase, mediante preguntas de indagación y, en general, por una buena disposición para el aprendizaje.

b. Motivación de tarea: se refleja en el deseo de realizar tareas escolares, la autosuficiencia y el gusto por la realización de las actividades de estudio.

c. Motivación de esfuerzo: reflejada en la constancia ante las dificultades, en la persistencia en la realización de tareas difíciles y en la recursividad para solucionar dificultades y en las exigencias autoimpuestas respecto al estudio.

d. Motivación de logro: reflejada en la confianza en las propias capacidades, la orientación a conseguir buenas notas, la confianza en obtenerlas en el futuro y las buenas expectativas frente al desempeño académico futuro.

Por su parte, la motivación extrínseca es aquella que proviene del medio externo y funciona como un motor para poder realizar algo. Las recompensas son el resultado de este tipo de motivación. Todas las clases de emociones relacionadas con resultados se supone que influyen en la motivación extrínseca de tareas.

Uno de los principales factores que influyen en la motivación lectora es el interés personal en el contenido del texto. Cuando los lectores encuentran un tema relevante y atractivo, es más probable que se involucren profundamente con el material, lo que facilita una mejor comprensión. Además, la percepción de la autoeficacia, es decir, la creencia en la propia capacidad para comprender y aprender del texto también juega un papel crucial. Los lectores que se sienten competentes y seguros en sus habilidades lectoras tienden a abordar los textos con más entusiasmo y persistencia. El entorno y las experiencias previas de lectura también son determinantes en la motivación lectora. Un entorno que fomente la lectura, como una biblioteca bien surtida, un hogar donde se valoran los libros y maestros que promuevan el amor por la lectura, puede cultivar una actitud positiva hacia esta actividad. Asimismo, las experiencias tempranas de lectura, como escuchar cuentos en la infancia o participar en actividades literarias, pueden sembrar las semillas de una motivación intrínseca a largo plazo.

Para mejorar la motivación en la comprensión lectora, es esencial implementar estrategias que promuevan el interés y la autoeficacia. Una de las estrategias más efectivas es la elección del lector. Permitir que los estudiantes elijan los libros que desean leer aumenta su sentido de control y pertenencia, lo que puede incrementar su motivación intrínseca. Además, la integración de la lectura con actividades prácticas y creativas, como discusiones en grupo, proyectos de investigación y representaciones teatrales, puede hacer que la lectura sea más dinámica y atractiva. Otra estrategia importante es la retroalimentación positiva y el reconocimiento. Elogiar los logros de lectura y proporcionar retroalimentación constructiva puede fortalecer la autoeficacia y la motivación para seguir leyendo. Asimismo, la creación de metas de lectura realistas y alcanzables puede mantener a los lectores comprometidos y motivados. Estas metas pueden ser tanto a corto plazo, como leer un capítulo al día, como a largo plazo, como completar una serie de libros en un trimestre. Finalmente, es crucial que los educadores y padres modelen un comportamiento lector positivo. Los estudiantes que ven a adultos disfrutando de la lectura y discutiendo sobre libros tienen más probabilidades de adoptar una actitud similar. Organizar sesiones de lectura en voz alta y clubes de lectura puede proporcionar ejemplos positivos y fomentar una comunidad lectora.

Pintrich (1994) explicó la motivación académica en la clase en términos de interacciones recíprocas entre tres componentes:

a) El contexto de la clase.
b) Los sentimientos y creencias de los alumnos sobre su propia motivación.
c) Los comportamientos observables de los alumnos.

Por ello, el fomento de la motivación en la comprensión lectora debe hacerse en situaciones concretas, como se aportará en la investigación que se desarrolla más adelante, debe conocerse personalmente a las personas implicadas en los sentimientos y creencias de los alumnos y debemos ofrecer herramientas para observar los comportamientos de los alumnos, como también se comentará más adelante. Además, el trabajo en motivación es relevante en este trabajo porque la motivación de la lectura se asocia a distintos tipos de emociones. Según Pekrun (1992), hay tareas más propicias para emociones que conlleven motivación extrínseca e intrínseca:

—Las emociones prospectivas son aquellas que están ligadas de forma inmediata y directa a los resultados de las tareas (notas, calificaciones, alabanzas de los padres, la esperanza, las expectativas de disfrute, la ansiedad, etc.). Así, las expectativas de disfrute anticipatorio producirían motivación extrínseca positiva, es decir, motivación para ejecutar la tarea con la finalidad de obtener resultados positivos. Se puede suponer que la motivación extrínseca positiva contribuye efectivamente (juntamente con la motivación intrínseca positiva) a la motivación total de la tarea.

—Las emociones retrospectivas, como la alegría por los resultados, decepción, orgullo, tristeza, vergüenza, ira, etc., funcionan fundamentalmente como evaluativas, como reacciones retrospectivas a la tarea y a sus resultados. Las emociones evaluativas del propio desempeño de una tarea pueden servir a la motivación intrínseca por la implicación personal de la recompensa.

De acuerdo con el autor, los comportamientos observables son determinados por los otros dos componentes y reflejan el nivel de motivación académica de tres modos diferentes: "hacer elecciones entre alternativas, estar activo e involucrado en las tareas y tener persistencia en ellas. Los alumnos hacen muchas elecciones: deciden tomar un curso, trabajar en una tarea encargada, atender a una sesión de clases o hacer alguna otra cosa" (Pintrich, 1994).

En cuanto a la relación entre motivación y emociones, Pekrun (1992) analizó el impacto que tienen las emociones positivas y negativas en la realización de las tareas escolares, en donde los procesos motivacionales actuaban como mediadores. Según su análisis, las emociones positivas producen un conjunto de efectos, desencadenados por emociones positivas relacionadas con la tarea, que conducen a un incremento del rendimiento, como es el caso de disfrutar realizando una tarea. Vale aclarar que, mientras que las emociones positivas producen, en general, efectos positivos que repercuten favorablemente en el aprendizaje, los efectos globales de las emociones negativas son más diversos, y pueden ser tanto positivos como negativos. Respecto a las emociones negativas relacionadas con el proceso de aprendizaje, se destaca el aburrimiento. La primera función del aburrimiento puede ser motivar al estudiante para que busque otra tarea o alternativa más recompensante. El aburrimiento conduce a reducir la motivación intrínseca y a escapar cognitivamente de la tarea. Como resultado, la motivación total de la tarea decrecerá, incluso en casos de motivación extrínseca elevada (García-Bacete y Doménech-Betoret, 2014).

Se deduce de lo comentado que las emociones son respuestas afectivas que influyen en la percepción, la atención, la memoria y la toma de decisiones. En el contexto de la lectura, las emociones positivas, como la alegría, la curiosidad y el interés, pueden aumentar la motivación intrínseca. Cuando los lectores se sienten emocionalmente involucrados con el texto, es más probable que se esfuercen por entenderlo y que disfruten del proceso de lectura. Este compromiso emocional facilita la retención de información y la capacidad de hacer conexiones significativas con el material leído. Por otro lado, las emociones negativas, como la ansiedad, el aburrimiento y la frustración, pueden disminuir la motivación para la lectura. La ansiedad ante un texto difícil puede hacer que los lectores eviten la lectura o se sientan incapaces de comprenderlo, lo que afecta negativamente su autoeficacia. La frustración por no entender un texto puede llevar a la desmotivación y al abandono de la tarea, creando un ciclo negativo que dificulta el desarrollo de habilidades lectoras.

Uno de los mecanismos clave a través de los cuales las emociones influyen en la motivación lectora es la autoeficacia, o la creencia en la propia capacidad para realizar una tarea con éxito. Los lectores que experimentan emociones positivas tienden a tener una mayor autoeficacia, lo que los motiva a enfrentar desafíos y persistir en la lectura. En contraste, las emociones negativas pueden socavar la autoeficacia, llevando a una menor persistencia y a un menor compromiso con la lectura. El entorno emocional en el que se lleva a cabo la lectura también es fundamental. Un entorno que apoye emocionalmente a los lectores puede fomentar emociones positivas y, por ende, una mayor motivación para la lectura. Esto incluye la creación de un espacio de lectura cómodo y tranquilo, el acceso a materiales de lectura interesantes y variados, y el apoyo de maestros, padres y compañeros. Las experiencias de lectura compartidas, como la lectura en voz alta y las discusiones sobre libros, pueden fortalecer los vínculos emocionales con la lectura y aumentar la motivación. Del mismo modo que se ha comentado en relación a las emociones, la motivación, y también otras facetas de la lectura, se convirtió en un reto aún más grande durante la pandemia, porque generó problemas relacionales que dificultaron esta tarea. En el caso de Argentina, Urdinez (2022) señaló en el Diario *La Nación* que:

> Los resultados nacionales de las pruebas Aprender 2021 dan cuenta de este deterioro: la caída en Lengua fue transversal a todo el país. En concreto, el 44% de los alumnos de sexto grado se ubica en los niveles básicos o por debajo del básico en lengua, 25 puntos porcentuales más que en la última prueba tomada en 2018. Eso quiere decir que los chicos llegan al final de la primaria con serios problemas para comprender un texto.

Por ello, se van a dar pautas para conocer y trabajar la comprensión lectora útiles para la educación habitual y especialmente necesarios en situaciones de conflicto social.

2.3. *Niveles lingüísticos implicados en la comprensión lectora*

El alumno necesita regular sus propias emociones para mantener la motivación lectura y para llevar a cabo los procesos cognitivos que implica (Sevilla-Vallejo y Ceballos-Marón, 2020, p. 3). Los niveles lingüísticos que componen el proceso lector y se tendrán en cuenta en la presente investigación son:

—Nivel perceptivo visual: el mismo refiere a la observación de los fonemas en el caso de la lectura. Siendo útil tanto a la vía fonológica como a la léxica en función de la naturaleza del texto y del conocimiento del lector. Este nivel es especialmente relevante con alumnos que están iniciándose en la lectura. En este trabajo, no se va a trabajar con dicho nivel, porque el alumnado objetivo, salvo excepciones, ya lo tendría asentado (García, 1993, p. 94).

—Nivel morfosintáctico: refiere a la estructura de las palabras y las relaciones estructurales que se establecen entre ellas (García, 1993, p. 94).

—Nivel léxico-semántico: el léxico se corresponde con la ruta fonológica, mientras que lo semántico hace referencia al significado de cada palabra y a las relaciones de significado que se dan entre las mismas (García, 1993, p. 94).

—Nivel textual: en él tienen lugar la integración de las proposiciones del texto, el conocimiento del mundo por parte del lector, las inferencias según los esquemas cognitivos que la persona haya adquirido y la interpretación del texto (García, 1993, p. 94).

En el trabajo con alumnos que ya dominan la lectura, en principio, no sería necesario el trabajo con el nivel perceptivo visual, y podemos dividir los restantes niveles en dos grupos de acuerdo con el procesamiento:

Los microprocesos en la lectura son las operaciones cognitivas básicas y automáticas que se llevan a cabo de manera secuencial y simultánea durante el acto de leer. Estos incluyen la decodificación de las palabras, el reconocimiento léxico, el acceso al significado, la integración de la información en el contexto del texto y la monitorización de la comprensión. Aunque son procesos individuales, trabajan en conjunto para permitir que un lector comprenda y asimile el contenido de un texto de manera eficiente. Sin el funcionamiento adecuado de estos microprocesos, la lectura se vuelve ineficaz, dificultando la comprensión y la interpretación del texto. En nuestro caso, trabajaremos esto a través de los siguientes:

—El nivel morfosintáctico se refiere al análisis y estudio de las estructuras gramaticales dentro de una lengua, abarcando tanto la morfología, que es la forma y composición de las palabras, como la sintaxis, que se enfoca en la organización y relación de estas palabras dentro de oraciones. Este nivel es fundamental para entender cómo se construyen y articulan los significados a través de las reglas que gobiernan la formación de palabras (morfología) y la estructura de las frases y oraciones (sintaxis), facilitando así la comprensión y producción de enunciados coherentes y correctos en un idioma.

—El nivel léxico-semántico es el estudio del significado de las palabras (léxico) y su relación con los conceptos e ideas que representan (semántica). En este nivel, se analiza cómo se organizan y utilizan las palabras en un idioma para transmitir significados específicos, así como las conexiones y matices que existen entre distintos términos. Este análisis es crucial para la comprensión profunda de un texto, ya que permite al lector o hablante captar no solo el significado literal de las palabras, sino también sus connotaciones, relaciones contextuales y posibles interpretaciones dentro de un discurso.

Estos dos niveles constituyen lo que más adelante trataremos como Mímesis II, adaptando al plano educativo lo propuesto por Paul Ricoeur.

Los **macroprocesos** en la lectura son operaciones cognitivas de alto nivel que permiten al lector organizar, estructurar y darle sentido global a un texto. Estos procesos incluyen la comprensión de la idea principal, la identificación de temas y subtemas, la síntesis de información, y la elaboración de inferencias para conectar diferentes partes del texto. Los macroprocesos son esenciales para entender el mensaje global y la intención del autor, facilitando una interpretación coherente y profunda del contenido más allá de las palabras individuales o frases aisladas. Son fundamentales para construir una visión completa y crítica del texto, permitiendo una lectura más reflexiva y analítica. En nuestro caso, nos vamos a ocupar de estos procesos a través del siguiente nivel:

—El nivel textual se refiere al análisis de un texto en su totalidad, considerando la estructura global, la coherencia y la cohesión entre sus partes. En este nivel, se estudia cómo se organizan y articulan las ideas para formar un todo coherente y comprensible, observando la forma en que los párrafos y secciones se conectan entre sí, así como los recursos lingüísticos utilizados para mantener la continuidad del discurso. El nivel textual es fundamental para comprender el mensaje general del texto, ya que permite al lector o escritor percibir y construir el sentido global, evaluando la eficacia comunicativa del conjunto en su contexto. Este nivel se corresponde con lo que trabajaremos como Mímesis III, según el modelo de Paul Ricoeur que llevamos al ámbito educativo.

Este planteamiento nos permite llegar a un esquema sencillo y operativo para trabajar la comprensión lectora. El docente debe ayudar a sus alumnos a comprender de qué trata un texto (tema) y cómo se refleja en estos niveles:

Gráfico 2
Niveles de comprensión lectora

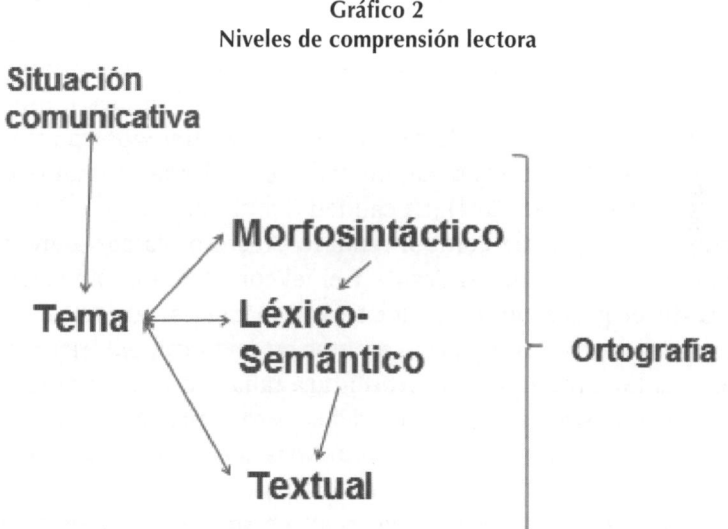

Fuente: elaboración propia.

Asimismo, se va a desarrollar en este libro que, para lograr la comprensión de texto, resultan necesarios una adecuada autorregulación y ciertos procesos cognitivos (Sevilla-Vallejo y Ceballos-Marón, 2020 p. 4).

2.4. Cómo trabajar la comprensión lectora

La metacomprensión lectora involucra los procesos de monitoreo y regulación (o control), los cuales contribuyen a la construcción del significado del texto. Estos son llamados, en la literatura especializada, metacomprensión, ya que hacen referencia al conocimiento acerca de la lectura y de los mecanismos de control que se despliegan durante la comprensión lectora. De este modo, queda denotada la relación íntima que existe entre ambos procesos. Según este enfoque, el monitoreo consiste en la evaluación de la comprensión en curso, por medio de la detección de inconsistencias entre distintas ideas contenidas en el texto o entre el texto y el conocimiento previo. Los resultados del proceso de monitoreo pueden ser utilizados para guiar los procesos de control, los cuales intentan resolver los problemas detectados mediante la aplicación de alguna estrategia, como la relectura para desambiguar puntos confusos o la búsqueda de significados de palabras desconocidas (Graesser *et al.*, 1994). La calidad del monitoreo y del subsiguiente proceso de control tendrán efecto en la coherencia de la representación resultante y en el conocimiento activado durante el procesamiento del texto, ya que, si el lector no detecta las inconsistencias presentes en un texto, entonces su representación del mismo presentará fallas en la coherencia. Si las inconsistencias son detectadas pero el proceso de regulación y control no las corrige, entonces la falta de coherencia se mantendrá y se alcanzará una representación coherente una vez que las inconsistencias sean no solo detectadas, sino también corregidas durante el proceso de control.

Así, parafraseando a Irrazabal (2007), no puede hablarse de comprensión lectora sin entender que se trata de un proceso que va más allá de construir una representación mental de las palabras y las oraciones que la componen, sino también de las situaciones a las que estas refieren. Las teorías más influyentes en la psicología del discurso postulan que la comprensión de un texto requiere la construcción de un modelo mental (De Vega *et al.*, 1996; Johnson-Laird, 1983) o modelo de situación (Van-Dijk y Kintsch, 1983). La asunción básica de los teóricos de los modelos mentales establece que el producto final de la comprensión del lenguaje consiste en una representación de aquello a lo que el lenguaje refiere y no del lenguaje en sí mismo.

Baker (1985) identificó siete aspectos del proceso de comprensión que requieren ser monitoreados y regulados durante la lectura. Estos aspectos son:

> (...) aspectos léxicos (entender el significado de las palabras); aspectos sintácticos (gramaticalidad de los grupos de palabras); cohesión proposicional (integración de las proposiciones adyacentes del texto); consistencia externa (congruencia entre la información presente en el texto y el conocimiento previo); consistencia interna (congruencia entre la información provista por las distintas partes del texto); cohesión estructural (integración de las proposiciones individuales con el tema general del texto); completitud de la información (claridad e integridad de la información presentada en el texto). En cada situación de lectura, los lectores deciden qué aspectos necesitan ser monitoreados y cuán estrictos deben ser los procesos de monitoreo y regulación. (Irrazabal, 2007, p. 47).

Entendida de este modo, la comprensión es un trabajo interactivo entre el sujeto y el texto. Flavell (1976) entiende el desarrollo metacognitivo como la adquisición de conocimientos acerca de las variables de las personas, las tareas y las estrategias que afectan al funcionamiento de las expectativas metacognitivas. Siguiendo el modelo de Mayor (1993) podemos decir que la actividad cognitiva implica, en primer lugar, una toma de conciencia; en segundo lugar, un análisis de control ejecutivo; y, en tercer lugar, una reconstrucción continua de la cognición del ser humano a partir de la reflexión y la retroalimentación cognitiva.

La metaatención se centraría en dos áreas: el conocimiento del funcionamiento y las variables que afectan a la atención y a su control (Mayor, 1993). Allueva (2002) nos plantea que existen variables que afectan a la atención y a su control —internas y externas— así como las variables del propio sujeto.

Para poder incorporar todo lo anterior, podemos realizarlo desde el modelo propuesto por Zimmerman (2008), el cual permite tener en cuenta los pasos de la regulación relacionada con la lectura. Los divide en tres fases (Sevilla-Vallejo y Ceballos-Marón, 2020, p. 4):

1. Fase de planificación. Es el momento en el cual el estudiante se enfrenta por primera vez a la tarea, la analiza, valora su capacidad para realizarla con éxito, establece sus metas y logra planificarla. Incluye tareas de automotivación: autoeficacia, expectativas de resultado, interés y orientación a metas.

2. Fase de ejecución. En la misma se lleva a cabo la actividad. Por ello es importante que el estudiante mantenga la concentración y haga uso de las estrategias de aprendizaje adecuadas que le permitan mantener el interés y la motivación para conseguir los objetivos de aprendizaje. En esta fase son importantes:

   • La autobservación: automonitorización y autoregistro (codificación de las acciones).

   • El autocontrol: mediante estrategias específicas (ej.: subrayar), autoinstrucciones, creación de imágenes (organizar mentalmente la información), gestión de los tiempos, control del entorno de trabajo, búsqueda de ayuda, incentivo del interés (mensajes de recuerdo de la meta) y autoconsecuencias (autoelogios o recompensas según el progreso).

3. Fase de autoevaluación del trabajo y de los diferentes resultados que se han obtenido, se establecen las causas del éxito o fracaso y se experimentan emociones positivas o negativas, que pueden influir en la motivación y su autorregulación en el futuro. Incluye:

- Autojuicio: autoevaluación y atribución causal (explicación de los motivos de éxito o fracaso).
- Autoreacción: autosatisfacción/afecto (reacciones afectivas producidas por la evaluación y la atribución) e inferencia adaptativa/defensiva (tendencia a repetir o evitar la tarea).

Por otro lado, los autores Panadero y Alonso-Tapia (2014, p. 454) incorporan a este modelo la emoción, aunque señalan que juega un papel menor en comparación con la cognición. No obstante, postulan que ambas están presentes en el proceso de elaboración psicológica necesario para gestionar tareas complejas, como es el caso de la lectura.

Alonso-Tapia (2005) adapta el modelo anterior a los niveles lingüísticos de la lectura:

—Identificación de patrones gráficos. Se discriminan los grafemas y se van asociando a sus respectivos fonemas para reconocer las palabras. Depende de factores de aprendizaje, como la identificación de rasgos distintivos de las letras o la práctica en su identificación; pero también está relacionado aspectos neurológicos como "la necesidad de que esté intacto el mecanismo de inhibición de la representación perceptual, si esta inhibición no se produce, las imágenes se superponen" (p. 67).

—Reconocimiento del léxico. Este factor tiene que ver con la cantidad de vocabulario, la cercanía o familiaridad de ese vocabulario y el contexto semántico en el que se utiliza y el uso de ese contexto.

—Construcción e integración del significado de las frases. El significado se construye en ciclos que se corresponden con las frases. En estos se conecta e integra cada representación con la anterior, así como con el conocimiento previo. Esto depende del reconocimiento de la estructura sintáctica de la frase (sujeto, predicado y relaciones jerárquicas).

Integración del ciclo. Las ideas de cada proposición o frase deben integrarse de forma coherente. Así se formaría un último conjunto de ideas que sintetizaría todas las demás que se denominan macro-proposiciones. Para conseguir esta integración, hay que basarse en la progresión temática para establecer así una relación comprensible entre las ideas.

Construcción del significado global del texto. Por último, hay que integrar y simplificar las ideas contenidas en el texto. Para eso se pueden seguir algunas estrategias:

Selección: apartar las frases que no aportan información necesaria o son accesorias.

Generalización: sustituir frases_concretas por otras más generales que las incluyan.

Construcción: sustituir una serie de frases por otra, que no aparece en el texto, pero que sintetiza el contenido de las demás.

Como podemos observar, en ambos modelos los procesos que refieren a la regulación y la comprensión lectora son en paralelo. Por su parte, el modelo de Zimmerman (2008) establece tres etapas (planificación, ejecución y autoevaluación) que se corresponden con lo que a nivel didáctico se entiende como antes, durante y después de la tarea.

El modelo de Alonso-Tapia puede ser incorporado también en estos pasos porque, según él, el lector debe planificar el proceso de lectura de acuerdo con sus conocimientos previos (Sevilla-Vallejo, 2019, pp. 246-247) y debe ejecutar el procesamiento de los niveles lingüísticos. Por lo tanto, la comprensión lectora y la regulación emocional resultan inseparables del desarrollo evolutivo de los niños debido a que ambos dan lugar al manejo eficaz del proceso lector.

Por su parte, Graziano *et al.* (2007) y Alonso-Tapia (2005, p. 64) acuerdan en que las dificultades presentadas en la regulación de los estados emocionales afectan de manera negativa y determinan que el estudiante posea un bajo rendimiento académico y presente dificultades en los procesos de comprensión lectora.

Cuando hacemos referencia a la habilidad lectora, investigaciones actuales realizadas en la población infantil que son antecedentes de la presente investigación dan cuenta que se trata de una competencia básica y fundamental en niños que transitan la escuela primaria. Para una correcta adquisición del proceso de comprensión lectora se requiere de motivación, autorregulación de los procesos emocionales y un adecuado desarrollo de los procesos cognitivos (Ceballos-Marón y Sevilla-Vallejo, 2020).

2.5. Rúbrica CLAN

Con el objeto de valorar la comprensión lectora, fue necesario el uso de una herramienta capaz de sistematizar variables como la motivación lectora, los niveles lingüísticos y la reflexión que suscita el texto en el lector. Se basa tanto en las primeras directrices realizadas por Alonso-Tapia para establecer el procesamiento cognitivo de la lectura como en el modelo hermenéutico de Paul Ricoeur que ya se ha llevado al ámbito educativo en investigaciones anteriores (Sevilla-Vallejo, 2022). Se valora así la motivación que provoca el texto en el alumno, lo cual remite a la Mímesis I según Paul Ricoeur (Sevilla-Vallejo, 2019); después, la comprensión de los componentes propios de la narración (argumento y personajes) y la comprensión de los niveles morfosintácticos y léxico-semántico, que constituyen la Mímesis II según Paul Ricoeur; finalmente, la interpretación del nivel textual, que consiste en que el alumno debe realizar inferencias, tomar una postura y saber exponerla, es decir, trabaja así los macroprocesos y esto coincide con la Mímesis III de Paul Ricoeur.

Se pueden mencionar algunos antecedentes de la herramienta que ofrecen evidencias empíricas que argumentan su fiabilidad y validez. Se desarrolló la escala Educación e Identidad Narrativa (EIN), que fue validada y posteriormente replicada (Sevilla-Vallejo, 2019a). Asimismo, se han analizado los procesos motivacionales y cognitivos que dan lugar a la lectura (Sevilla-Vallejo, 2018b). Fruto de estas investigaciones, se definió la Acción narrativa como el abordaje de la literatura, tanto en la lectura como en la escritura, donde se trabajan los niveles lingüísticos de forma comprensiva. Es decir, se pide el análisis en la lectura o la elaboración de estos niveles para la transmisión de un determinado mensaje, que se relaciona con la propia subjetividad del alumno (Sevilla-Vallejo, 2019). Por otra parte, se aplicó la Comprensión Lectora e Identidad Cultural (CLIC) (Sánchez y Sevilla-Vallejo, 2019), desarrollada para conocer las motivaciones lectoras, comprensión lectora por niveles y reflexión intercultural de alumnos universitarios. Así, a partir de herramientas testadas previamente, se desarrolla la Rúbrica de Comprensión Lectora en Acción Narrativa o Rúbrica CLAN para valorar la motivación lectora, la comprensión de los niveles y la reflexión propios de alumnos de primaria.

Por todo lo mencionado, la Rúbrica CLAN se apoya en un aparato crítico filosófico, psicológico y educativo que responde al valor de la narración para trabajar procesos psicológicos y educativos, y combina el modelo motivacional continuo, la estructura narratológica y el análisis por niveles lingüísticos. Desde el punto de vista empírico, ofrece una forma objetiva para que los docentes puedan valorar tanto los procesos de lectura como puedan reevaluar la necesidad de cambios en el abordaje de esta (Azorín *et al.*, 2017, p. 95). Del mismo modo que existen modelos teóricos para el estudio de la comprensión lectora, existen rúbricas para su evaluación, pero no se han desarrollado herramientas para relacionar la motivación, los componentes del texto literario y los niveles lingüísticos.

Dicho esto, es necesario tener presente que la rúbrica CLAN originalmente está compuesta por doce ítems y dividida en tres partes. Cada una de estas partes respondía a los apartados: motivación, narratología y niveles lingüísticos, que a su vez daban lugar al análisis de las subpartes: argumento, personajes y los tres niveles lingüísticos: léxico, sintáctico y textual. A continuación, vamos a describir brevemente los ítems:

Los ítems 1-3 analizan la motivación en los términos de la mímesis I de Paul Ricoeur (Sevilla-Vallejo, 2019b).

La siguiente sección se corresponde con los componentes del cuento propios de la Mímesis II de Paul Ricoeur. Los ítems 4-5 preguntan por la comprensión del argumento o historia que se presenta en el cuento; y los ítems 6-7 se refieren a la caracterización de los personajes y las relaciones entre ellos. El tercero se refiere a los niveles lingüísticos. El ítem 8 pregunta por la comprensión del léxico, el 9 por la comprensión de la sintaxis.

Los últimos ítems se ocupan de las reflexiones que provoca en el lector el cuento, como se recoge en la mímesis III según el modelo de Paul Ricoeur. Los ítems 10-12 a la comprensión textual, que da lugar a la reflexión por parte de los alumnos del conjunto del mensaje. Dicha rúbrica fue analizada en estudiantes de los diversos países hispanohablantes, dentro de la franja etaria de entre nueve y 16 años, lo que permitió conocer que existía una gran variabilidad respecto a la motivación y reflexión de los textos presentados.

Gráfico 3
Niveles de comprensión lectora trabajados en la Rúbrica CLAN

Ítems	Partes	Subpartes
1-3	Motivación	
4-5	Narratología	Argumento
6-7		Personajes
8	Niveles lingüísticos	Léxico
9		Sintaxis
10-12		Texto

Fuente: elaboración propia

3. REGULACIÓN EMOCIONAL Y COMPRENSIÓN LECTORA

3.1. La relación entre la regulación emocional y la comprensión lectora

Regular de forma adaptativa los estados emocionales (reevaluación cognitiva) resultará esencial para diferenciar la información que es relevante de la que no lo es al momento de estudiar, así como también la planificación (Ceballos-Marón y Sevilla-Vallejo, 2020) y puesta en marcha de metas concretas, lo que permite niveles adecuados de atención y un acorde control conductual. Autorregular el aprendizaje se puede entender como una actividad proactiva, mediante la cual el estudiante toma decisiones sobre cómo se orientará a la meta, su motivación, los pensamientos, los afectos y las conductas que le permitirán lograr el aprendizaje deseado (Zimmerman, 2002).

Sugawara y Cunningham (1988) expresan que, cuando los niños tienen problemas para regular las emociones de forma adecuada, presentan conductas negativas e inapropiadas con sus educadores, lo que provoca dificultades en la adquisición de nuevos conocimientos. Hasta hace muy poco, se consideraba el aprendizaje como sinónimo de cambio conductual, y esta era una labor educativa. No obstante, en la actualidad se considera que educar va más allá de modificar el comportamiento de un niño, sino que implica lograr un cambio en la experiencia del mismo, es decir en su pensamiento y en afectividad (Ausubel, 1983).

Esto da cuenta de que es necesario que los docentes conozcan cómo gestionan las emociones sus estudiantes, ya que ello favorece el desempeño en el aprendizaje (Lewin, 2016). Cuando nos referimos al aprendizaje, no solo hablamos de la adquisición de nueva información o capacidades a través de la lectura. Aprender supone un cambio relativamente permanente a nivel cognitivo en las representaciones o asociaciones mentales como resultado de la experiencia emocional. Ausubel (1983) señala que aprender es relacionar nueva información, sobre ideas, conceptos, etc., con las estructuras cognitivas que ya poseía la persona (p. 2). Esta nueva información realizará conexión con conceptos relevantes existentes, que funcionan como una especie de anclaje (p. 4).

Una característica que resultará primordial de comprender es que no se trata de una simple asociación, sino que se produce una interacción entre la nueva información y los conocimientos más relevantes de la estructura cognitiva (p. 83). Al hacer referencia a los niños en edad preescolar, se puede decir que su manera de aprender es mediante el descubrimiento y la experiencia, es decir es no verbal, concreto y empírico. A este tipo de aprendizaje, Ausubel (1983) lo denomina aprendizaje por descubrimiento. Luego, a medida que el niño desarrolle sus estructuras cerebrales, que le permitan comprender conceptos y preposiciones verbales sin requerir del apoyo de material concreto, logrará un aprendizaje significativo y será necesario para lograr la comprensión lectora.

Para abordar el concepto de comprensión lectora en mayor profundidad, debemos dar primero algunas nociones sobre la idea de qué es la lectura. Rodríguez-Gallardo (2007) define la lectura como un proceso mediante el cual las personas logran conocer una idea o mensaje que otra quiere comunicar, exige un procesamiento psicológico del lenguaje, aunque de forma previa, requiere una adecuada regulación emocional para tener acceso a él. En otras palabras, la regulación es inseparable del desarrollo evolutivo del alumno y ambos aspectos permiten manejar el lenguaje (p. 3). Por su parte, Salvador-Cruz y Acle-Tomasini recogen distintos estudios que muestran la relación entre el nivel de abstracción y los requisitos cognitivos de la tarea con la regulación (2005, p. 880). Asimismo, hay sólidas evidencias de que en los últimos años de la educación infantil (entre los cuatro y los siete años), los niños logran dominar tareas de planificación simples (Vigotsky, 1984), su conducta está cada vez más mediatizada por el habla (Luria, 1985) y aumenta la capacidad de su memoria de trabajo (Baddeley, 1999; Salvador-Cruz y Acle-Tomasini, 2005, p. 880). De modo que, durante los años de la educación primaria, los niños que logren regular sus emociones de manera autónoma podrán acceder a un correcto proceso de comprensión lectora (Sevilla-Vallejo, 2018).

Por lo dicho, la adquisición de la comprensión lectora es una preocupación de los docentes de los distintos niveles educativos por la importancia que tiene para la formación educativa y para el desarrollo psicológico. Se considera que estos, a través de distintas estrategias, podrían intervenir en el control de las emociones de sus estudiantes en el momento de la lectura para fomentar la adquisición y retención de conocimiento y posibilitar un rendimiento más satisfactorio (Gumora y Arsenio, 2002).

3.2. La regulación emocional y la comprensión lectora desde el enfoque integrativo supraparadigmático

Desde el enfoque integrativo supraparadigmático, se propone profundizar la comprensión y potenciar el cambio en psicoterapia de las emociones. La psicoterapia integrativa posee como objetivo integrar todo conocimiento válido en psicoterapia a nivel clínico y conceptual, es decir, profundiza sobre todo conocimiento que aporta a la predicción y el cambio (Opazo, 2006). Para comprender cómo los estudiantes logran adquirir el conocimiento, es necesario saber cómo funciona cada paradigma y cómo influye en dicho aprendizaje. Los paradigmas que propone el autor son los siguientes: Biológico, Cognitivo, Afectivo, Inconsciente, Ambiental/Conductual y Sistémico. El enfoque presenta como eje central el Sistema Self, que organiza los contenidos en cada paradigma que desempeña en las personas funciones de Toma de Conciencia, Significación, Identidad, Autoorganización, Búsqueda de Sentido y Conducción de Vida (Opazo *et al.,* 2001).

La regulación emocional y la comprensión lectora se describirán desde cada sistema con el fin de comprender los 360° de la dinámica del aprendizaje. Según Zimmerman (2002), un elemento central de la autorregulación es el autoconocimiento del estudiante como tal (Soto-Hernández, 2017, p. 139). Por ello, es fundamental tener presente que las experiencias emocionales vivenciadas son consideradas una fuente de información para las personas. La valoración que cada uno realice sobre su estado de salud dependerá básicamente del estado de ánimo en este momento. Por ejemplo, personas que atraviesan momentos de tristeza presentan más síntomas y con mayor severidad que quienes presentan emociones como alegría. Esto sugiere que habría condiciones en las que el estado anímico persistente y generado por el propio individuo podría modificar sistemáticamente su percepción de síntomas (Barra-Almagiá, 2009, p. 2).

A continuación, se describirán los seis paradigmas:

— *Paradigma Biológico:* propone que "ciertas características específicas genéticas, endocrinas, neuroanatómicas o bien neurofisiológicas, pueden influir en la génesis de las cogniciones, emociones o conductas" (Opazo *et al.,* 2001, p. 109). Teniendo presente la influencia del paradigma en el aprendizaje, este se ve afectado por factores como el sueño, el oxígeno, el agua que se bebe y la actividad física. Cabe aclarar que en el apartado de factores epigenéticos dichos componentes se encuentran detallado. Es propio aclarar que se ha demostrado que las experiencias emocionales pueden influir en la salud física mediante sus consecuencias fisiológicas (p. 1). En este sentido, se ha observado una relación entre salud física y ciertos estilos personales, como el optimismo y la hostilidad (p. 2). En el caso del optimismo, este causaría efectos positivos; y, en caso de la hostilidad, esta traería efectos negativos en la salud (Barra-Almagiá, 2003).

— *Paradigma Cognitivo:* presenta como característica principal el procesamiento, la percepción e interpretación de la información (Opazo, 2001). Da cuenta de cómo se comprende y la influencia que presentan los pensamientos o imágenes (eventos cognitivos) en el comportamiento, las cogniciones y los afectos (Fernández- Álvarez y Opazo, 2004). Estos factores afectan ampliamente la autoimagen y autoeficacia y el autoconcepto, es decir, la confianza que tiene una persona en sus habilidades. La autoeficacia se puede ver afectada por otras creencias, por lo que es importante entenderla como parte de una red del paradigma cognitivo que está interrelacionado con los demás paradigmas). En cuanto a la autoestima, no está ligada con el resultado, sino con el proceso (Soto- Hernández, 2017, p. 144).

En el caso de la comprensión lectora, resulta de interés conocer las creencias que poseen las personas sobre el aprendizaje. Para comprender cómo influyen las creencias implícitas sobre el alumno como persona, es necesario comprender otros elementos de este paradigma, como la metacognición como proceso. La metacognición es aquella capacidad que permite a las personas pensar sobre su propio pensamiento (Ellis, 2005). El aprendizaje se encontrará favorecido o afectado por la metacognición, es decir, por las creencias sobre las capacidades a la hora del estudio, las estrategias para aprender —y el conocimiento de cuándo utilizarlas—, la planificación y supervisión del propio proceso de aprendizaje y el recuerdo sobre aquello que se aprendió. Las habilidades metacognitivas generalmente no se enseñan de forma explícita, sino que los estudiantes las van aprendiendo. Se considera que están utilizando la metacognición cuando logran planificar y evaluar sus creencias y cómo estas les afectan.

Por ello se considera necesario que el estudiante logre monitorear el proceso de aprendizaje y su eficacia a través de la autorreflexión (compuesta por el autojuicio y la autorreacción) (Zimmerman, 2002), que le permitirá evaluar cómo ha llevado a cabo el proceso de aprendizaje y compararlo, ya sea con su aprendizaje anterior o el ideal planteado (Soto-Hernández, 2017, p. 147). Un estudiante que ha logrado la regulación emocional puede comprender la causa de los errores y si los mismos se deben a factores internos o externos (Zimmerman, 2002). De esta manera, podrá trabajar sobre sí mismo y alcanzar los objetivos planteados. En otras palabras, utilizar estrategias adecuadas de regulación emocional va a permitir mejorar el desempeño académico (Sevilla-Vallejo y Ceballos-Marón, 2021). Un dato fundamental para tener presente es que, cuando se hace referencia a la regulación cognitiva emocional, tanto el pensamiento, como la acción o conducta refieren a diversos procesos, y se consideran diferentes las estrategias de regulación emocional y las estrategias de autorregulación conductual (Garnerski, *et al.*, 2001).

— *Paradigma Afectivo:* Padres y docentes tendrán un rol sustancial para el logro del desarrollo afectivo de los niños, y en su capacidad de comprender y regular los estados emocionales a lo largo de la vida (Soto-Hernández, 2017).

— *Paradigma Ambiental/Conductual:* una persona que logra la regulación de sus emociones logrará además regular los aspectos cognitivos y el entorno (Zimmerman, 2002). Sin embargo, no todos los estudiantes alcanzan esta meta. Por ello, es necesario identificar si requieren de mayor tiempo para las actividades, si precisan ayuda extra y si sus actividades son las adecuadas. Además, es importante que el adulto comprenda los niveles atencionales y gestione el ambiente áulico de manera tal que presente la menor cantidad de distractores posible. Tener materiales a mano y conocer los tiempos de ejecución de cada niño es también relevante en este aspecto (Soto-Hernández, 2017).

— *Paradigma Sistémico:* De acuerdo con Willis y Hodson, "los padres son los profesores más importantes en la vida de un niño" (1999, en Soto-Hernández, 2017, p 150). El paradigma sistémico hace referencia a todos los sistemas que interactúan con las personas. En nuestro caso, abordaremos el sistema familiar y su influencia en la regulación emocional, el aprendizaje y la comprensión lectora. La familia es quien enseña la lengua, y transmite la cultura y los valores familiares. Es también la que protege y media los vínculos. Cada niño estará influenciado por el compromiso y acompañamiento familiar en el aprendizaje, ya sea que la familia propicie o entorpezca la relación con las instituciones escolares. Dependiendo del vínculo, la percepción y el compromiso de los padres con la escuela, será el grado de asistencia y compromiso del niño con la institución. Cuanto mayor compromiso familiar con el aprendizaje será el rendimiento escolar. De manera similar, estudios demuestran que los padres que leen cotidianamente fomentan en sus hijos el interés por la lectura (Moreno-Sánchez, 2001).

— *Paradigma Inconsciente:* hace referencia a la manera en que el aprendizaje impacta inconscientemente en sus cogniciones, en el afecto, el entorno y el comportamiento. Aunque no sean conscientes, las creencias, la motivación y las expectativas que tenemos sobre el aprendizaje afectan o favorecen la manera en que aprendemos y las concepciones sobre el proceso y el resultado de dicho conocimiento (Soto-Hernández, 2017).

3.3. Educar las emociones para ayudar a los alumnos a regular sus emociones y comprender mejor los textos

Los docentes son uno de los factores externos que más influyen en la regulación emocional, cumplen la función de construir junto a sus estudiantes el conocimiento y son modelos de actitudes personales y emocionales para ellos (Calderón-Rodríguez *et al.*, 2014). En este sentido, Abanca (2013) sostiene que el docente debe construir una educación basada en las emociones de los estudiantes. El personal de educación cumple un rol protagónico en la educación integral de sus estudiantes, modelando, enseñando y entrenando en el reconocimiento emocional (p. 3). Al tener como objetivo un mayor bienestar personal y social, se convierte en una figura muy significativa, para sus estudiantes. Hay que tener presente que los educadores diariamente experimentan una variedad de emociones —tales como frustración, ira, alegría, miedo y tristeza— que influyen en el bienestar, rendimiento y el vínculo con sus estudiantes. Se consideran un factor externo en la regulación de los estados emocionales de sus alumnos debido a que como ellos regulen sus emociones impactará en el aprendizaje de sus estudiantes (Ochoa de Alda, *et al.*, 2019). Además, serán quienes enseñen a sus alumnos estrategias de regulación emocional, estrategias de afrontamiento, resolución de conflictos, desarrollo de la empatía y tolerancia a la frustración. Para ello, es imprescindible que logren generar un adecuado clima escolar, ya que ellos ayudarán a mejorar el aprendizaje y disminuir conductas disruptivas (Kuperminc *et al.*, 2001).

La participación en la creación de estímulos adecuados por parte de los agentes educativos permite lograr un apropiado desarrollo cerebral en los niños y jóvenes, resultando determinante en la formación de procesos y cualidades psíquicas en la personalidad de ellos. Un estudio realizado a nivel escolar demostró que el contexto educativo puede afectar o favorecer el desarrollo neurológico de los niños, y repercutir de esta forma en el aprendizaje (Gutiérrez-Duarte y Ruíz León, 2018, p. 47). En el caso de la regulación emocional, como se expresó anteriormente, se encuentra íntimamente relacionada con la comprensión lectora, y permite un adecuado aprendizaje (Ceballos-Marón y Sevilla-Vallejo, 2020). El proceso lector y la comprensión de texto exigen una importante demanda mental y actividad cognitiva (León, 2009). Es un proceso activo de construcción de significado compuesto por operaciones como interpretar, discriminar, clasificar, examinar, criticar, contrastar y construir representaciones de la información recibida (Sevilla-Vallejo, 2018, p. 5). Requiere del buen funcionamiento de las funciones ejecutivas, tales como la memoria y la planificación, que intervienen en la supresión de información irrelevante con el fin que esta no bloquee la memoria de trabajo (Miranda-Casas *et al.*, 2010).

En las aulas, es necesario que los estudiantes logren expresar de forma adecuada y saludable sus estados emocionales, sin necesidad de suprimirlos (Calderón- Rodríguez *et al.*, 2014). En el año 2020, esto resultó muy complejo debido a que el aprendizaje fue virtual por la pandemia de covid-19. A pesar de que los docentes realizaban todo lo posible para llegar y acompañar a sus estudiantes, faltaba la presencialidad en las aulas, la mirada, la escucha atenta y el vínculo estrecho con los adultos y pares que conforman las instituciones escolares. Además, como pudo comprobarse en un estudio llevado a cabo en Argentina en el mes de abril de ese año, las emociones que predominaban —ansiedad, angustia, miedo e ira— se encontraban desreguladas, lo que afectó de manera negativa al aprendizaje (Sevilla-Vallejo y Ceballos-Marón, 2020). En dicho estudio, se entrevistó a 20 padres y 20 docentes de escuela primaria y se llegó a la conclusión de que los niños en los hogares leen menos, presentan dificultades en la comprensión lectora y habilidades lingüísticas en general, lo cual permite comprender, como se especificaba anteriormente, la importancia del rol docente en la regulación emocional y cómo esta falta de regulación emocional afecta las diferentes áreas del aprendizaje (Sevilla-Vallejo y Ceballos-Marón, 2020). Las consecuencias en los estudiantes de esos tiempos tan ciertos podrían verse reflejadas en el uso de estrategias de regulación emocional ineficaces, como la supresión emocional, que afectaría de manera directa la comprensión lectora. Esto se debe a que la comprensión lectora es una tarea compleja que requiere de una adecuada regulación emocional para ser llevada a cabo de forma satisfactoria (Ceballos-Marón y Sevilla-Vallejo, 2020).

En nuestras aulas debemos fomentar las siguientes habilidades para la regulación emocional:

Thompson (1994) describió las siguientes habilidades que configuran a la regulación emocional:

a. **Expresión adecuada de las emociones:** dicha destreza es la que permite lograr que ante situaciones externas o internas logren expresarse las emociones correctamente, ya que las mismas tienen implicancia en el comportamiento de otras personas.

b. **Regulación de emociones y sentimientos:** es la aceptación de que los estados emocionales se modifican con frecuencia. Esto incluye regular la impulsividad, superar dificultades, conseguir metas a largo plazo, etc.

c. **Regulación emocional con conciencia ética y moral:** la regulación de las emociones propias y ajenas se relaciona con los valores morales que tenga la persona, como la empatía, la compasión y el amor, sin aprovecharse de las vivencias emocionales de los demás.

d. **Técnicas de respiración, meditación y *mindfulness*** que propician la regulación emocional.

e. **Regulación de la ira para evitar la violencia:** debido a que muchos períodos de violencia suelen ser ocasionados por la ira desregulada.

f. **Tolerancia a la frustración:** es lograr tolerar frustraciones que no pueden ser evitadas y generan malestar.

g. Estrategias de afrontamiento: son aquellas competencias que nos van a permitir enfrentarnos a situaciones conflictivas y a sus consecuencias. Puede lograrse mediante técnicas de regulación para gestionar la intensidad y la duración de las emociones.

h. Competencias para autogenerar emociones positivas: son aquellas habilidades que le permiten al niño de forma autónoma experimentar emociones positivas que le generan bienestar.

Por otra parte, en nuestras aulas debemos también fomentar algunas habilidades que ayuden a la comprensión lectora. Debemos fomentar la capacidad de los alumnos con respecto a:

a. Decodificación: Es el primer paso para la comprensión lectora. Se refiere a la habilidad de reconocer y procesar palabras escritas. Sin una decodificación eficaz, es imposible acceder al contenido del texto. Para mejorar esta habilidad, es crucial fomentar una sólida base en el conocimiento de las letras y los sonidos, así como en la práctica regular de la lectura.

b. Vocabulario: El conocimiento de palabras y sus significados es esencial para la comprensión de un texto. Un vocabulario rico permite a los lectores interpretar mejor el contenido y entender las sutilezas del lenguaje. La expansión del vocabulario se logra a través de la lectura frecuente y la exposición a diversos tipos de textos.

c. Fluidez Lectora: Esta habilidad implica la capacidad de leer un texto de manera rápida, precisa y con expresión adecuada. La fluidez lectora es esencial para mantener la atención y la comprensión del lector, pues permite que el proceso de lectura sea más natural y menos arduo, facilitando la comprensión global del texto.

d. Inferencia y síntesis: Las habilidades de inferencia permiten a los lectores ir más allá de la información explícita del texto, deduciendo significados implícitos y relacionando la información nueva con el conocimiento previo. La síntesis, por su parte, es la habilidad de combinar diferentes ideas y conceptos para formar una comprensión integral del texto. Ambas habilidades son cruciales para la interpretación profunda y crítica de cualquier contenido escrito.

Asimismo, existen una serie de capacidades que, además de apoyar la comprensión lectora, apoyan también la regulación emocional:

a. Atención y concentración: La comprensión lectora exige una alta concentración y enfoque. Las emociones desbordadas, como la ansiedad o el estrés, pueden interferir con la capacidad de un lector para concentrarse en un texto. La regulación emocional, por lo tanto, ayuda a mantener la calma y el enfoque necesario para una lectura eficaz. Enseñar a los estudiantes técnicas de regulación emocional, como la respiración profunda o la atención plena, puede ser una estrategia efectiva para mejorar su comprensión lectora.

b. Motivación y persistencia: Las emociones positivas, como la curiosidad y el interés, son motores clave en la motivación para leer. La regulación emocional permite a los lectores mantener la motivación incluso cuando encuentran textos desafiantes o aburridos. Además, una buena regulación emocional fomenta la persistencia, una cualidad esencial para superar las dificultades que puedan surgir durante la lectura.

c. Interpretación de textos emocionalmente cargados: Muchos textos literarios y narrativos contienen elementos emocionales complejos. La capacidad de un lector para comprender estos elementos depende en gran medida de su propia regulación emocional. Un lector que entiende y maneja sus emociones está mejor equipado para interpretar los estados emocionales de los personajes y el tono del texto, lo que enriquece su comprensión y apreciación del material.

d. Empatía y comprensión profunda: La empatía, que es la capacidad de entender y compartir los sentimientos de otros, se ve facilitada por una buena regulación emocional. Esta empatía no solo es crucial para la interacción social, sino también para la comprensión lectora, especialmente en la literatura, donde los lectores deben ponerse en el lugar de los personajes para comprender sus motivaciones y acciones.

CAPÍTULO II

Investigación sobre la importancia de la regulación emocional y la comprensión lectora en niños y adolescentes

1. PROBLEMA DE INVESTIGACIÓN

Con la crisis sanitaria ocurrida en el año 2020, a raíz de la pandemia de covid-19, la salud emocional y física de los niños se vio afectada, como así también su aprendizaje en los diversos ambientes escolares, lo cual dio lugar a varios interrogantes en torno a las estrategias de regulación emocional y comprensión lectora. Se considera interesante la temática escogida para el estudio debido a que el proceso de comprensión lectora es fundamental para el aprendizaje y su adquisición. La apropiación del conocimiento se realiza fundamentalmente a través de la lectura y de la comprensión lectora de material escrito, es decir, a través de la selección activa de aquella información que se considera fundamental, que debe ser organizada y elaborada de manera que el conocimiento anterior genere un nuevo conocimiento (Solano-Pizarro *et al.*, 2004). Para esto las figuras del docente y la familia son esenciales (Ceballos-Marón *et al.*, 2022). Los mecanismos de regulación emocional son la base sobre la que se incorporan los niveles lingüísticos y permiten la comprensión del mensaje que contienen los textos. Esto responde a la concepción de que "estamos educando no solo para obtener conocimiento, sino para mejorar sus personalidades [de los niños] y para que se conviertan en personas seguras de sí mismas, intelectual y emocionalmente, entusiastas y felices" (Sevilla-Vallejo, 2018, p. 176).

La presente investigación, de metodología mixta, permite una mirada más amplia y profunda de la regulación emocional infantil y la comprensión lectora, como respuesta a interrogantes surgidos de la experiencia profesional, de la que emerge la hipótesis de investigación de que en las aulas los niños que no logran acceder a la comprensión lectora de forma rápida y segura debido a que no logran una regulación adaptativa de sus estados emocionales (Ceballos-Marón *et al.*, 2022). El propósito de la presente investigación surge de brindar respuestas acerca de la vinculación entre la regulación emocional y la comprensión lectora, en niños y niñas de entre 9 y 12 años que asisten a escuelas públicas y privadas de Córdoba, Argentina. Para tal fin se parte de una sólida base teórica nutrida por estudios de diversos autores que consideran la necesidad de repensar la importancia que poseen los sistemas cognitivos y afectivos y la manera en que ambos inciden mutuamente en los niños de escuela primaria. Además, incorporamos en nuestro estudio datos obtenidos a partir de dos herramientas digitalizadas validadas a nivel nacional e internacional (Tarea TIRC y rúbrica CLAN) y el análisis discursivo de entrevistas a docentes.

2. OBJETIVOS

Objetivo general

Realizar un análisis discursivo de la perspectiva de los docentes, acerca de las estrategias de regulación emocional utilizadas por los estudiantes y cómo se relacionan dichas estrategias con la comprensión lectora.

Objetivos específicos

1. Estudiar la estrategia de regulación emocional reevaluación cognitiva en estudiantes de entre 9 y 12 años.

2. Estudiar y explicar el papel de la motivación, los niveles: morfológico, léxico y textual en la comprensión verbal de los estudiantes de colegio primario.
3. Analizar cómo la reevaluación cognitiva incide en la comprensión lectora, en niños de escolaridad primaria.
4. Presentar la herramienta Tarea TIRC digitalizada para la valoración de la regulación emocional estrategia reevaluación cognitiva para estudiantes de primaria.
5. Presentar la rúbrica CLAN para la valoración la motivación, los niveles de comprensión lectora y la reflexión personal acerca de los textos en estudiantes de primaria.
6. Cotejar los resultados obtenidos sobre las estrategias de regulación emocional y comprensión lectora de acuerdo con el género de los estudiantes.

3. HIPÓTESIS DE INVESTIGACIÓN

Este estudio plantea las siguientes hipótesis:

Hipótesis de la entrevista: Los resultados informan de la percepción de padres y maestros acerca de la regulación emocional y la comprensión lectora.

Hipótesis de la Tarea TIRC: El trabajo en regulación emocional reduce la intensidad emocional.

Hipótesis de la Rúbrica CLAN: se esperan problemas en la motivación, los niveles de comprensión y la interpretación de textos literarios.

Hipótesis comparativa: La reevaluación cognitiva favorece la comprensión lectora en niños y niñas.

4. MÉTODO DE ESTUDIO

Diseño

Para la presente investigación se escogió el diseño mixto, no probabilístico, intencional y dirigido. La investigación mixta

(Hernández-Sampieri y Torres, 2018) permite conocer y comprender. a través de un análisis empírico si hay una vinculación entre la regulación emocional y comprensión lectora y cómo es dicha vinculación desde la perspectiva discursiva de los docentes. Para ello se utilizarán una entrevista y dos valoraciones cuantitativas. Se realizó una entrevista semiestructurada ad hoc a las docentes de los estudiantes del aula, con los docentes que dictaban las áreas de lengua y literatura. En un segundo momento se realizó una recogida de datos cuantitativos de los estudiantes mediante dos valoraciones: Tarea TIRC y rúbrica CLAN.

Participantes

Para el primer estudio, se pidió la participación voluntaria a los docentes de las áreas de lengua y literatura; y, para el segundo estudio, se pidió el consentimiento informado de los padres, con el fin de llevar a cabo una muestra no probabilística y por ende no representativa, en la cual se aplicaron dos herramientas digitales a un total de 300 estudiantes de ambos sexos, de entre nueve y doce años. Dicho estudio se llevó a cabo en instituciones escolares públicas y privadas de Córdoba, Argentina. Cabe aclarar que para la muestra se tuvo en cuenta que los participantes no tuvieran algún grado de discapacidad intelectual muy marcado, debido a que aún las herramientas no han sido validadas en este grupo de niños. Los datos se recogieron de manera personal, individual mediante el uso de tres instrumentos preparados para dicha muestra y con el consentimiento informado de todos los participantes.

Instrumentos

—Entrevista semiestructurada. Creada ad hoc para este estudio, que fue antecedida de una entrevista creada para docentes en el año 2020.

—Tarea TIRC (Andrés *et al.*, 2016, p. 175). Esta escala presenta como antecedente la escala creada en la República Argentina que se denomina escala TIRC (Andrés *et al.*, 2016). Dicha escala se realiza de manera presencial. Sin embargo, en tiempo de pandemia, pensar en realizarla en las aulas resultaba imposible, ello impulsó a crear transformar esta herramienta hasta convertirla en la Tarea TIRC, para ser realizada de forma digital a través de *Google forms*. De manera conjunta con la Dra. Laura Andrés (creadora de la escala TIRC) y el Dr. Santiago Sevilla, pudo realizarse la Tarea TIRC, que ya fue validada (Ceballos-Marón *et al.*, 2023). La Tarea es un formulario pensado para participantes de nueve a doce años y está compuesta de videos explicativos y de las imágenes originales que posee la escala constituida en el año 2016. Permite valorar de manera cuantitativa la habilidad de reevaluación cognitiva y resulta de especial importancia debido a que, como se expresó con anterioridad, se trata de una estrategia de regulación emocional que permite la resignificación de un evento para modificar su impacto emocional, lo cual permite la disminución de experiencias negativas (Andrés, 2016). La Tarea digital, al igual que la escala original, presenta en primer lugar una explicación breve sobre la tarea a realizar. Luego preguntas de índole personal, sobre la edad, nacionalidad, grado, gestión de la escuela a la que asisten y género con el que se identifican los participantes. Por supuesto, resguarda datos personales. Se encuentra dividida en dos bloques: el bloque uno posee cinco situaciones que se explican a través de videos cada una y, a continuación, las preguntas sobre lo observado. El bloque dos se encuentra subdividido en parte uno y parte dos. En la parte uno se pide a los participantes que observen imágenes sobre diferentes situaciones y elijan una opción. A partir de allí, se redirige la tarea hacia las próximas preguntas, donde se explicita cuál de los personajes escogidos piensa de manera positiva. Así se lleva a que los pequeños logren empatizar con el personaje y comprendan la reevaluación cognitiva. En la parte dos se les presentan nuevamente los videos del primer bloque con el fin de valorar si hubo un aprendizaje en las respuestas anteriores y ver si los participantes logran la reevaluación cognitiva, que es una estrategia de regulación emocional adaptativa. La reevaluación cognitiva se logra evaluar mediante la presentación de situaciones que provocan estados emocionales displacenteros y luego permitiendo que, a partir de las mismas, piensen situaciones que serían más placenteras. En una última instancia, se logra medir el cambio en la intensidad de los estados emocionales de los participantes. Esta prueba ofrece resultados de la intensidad emocional, la reevaluación cognitiva, indicadores de eficacia de la reevaluación cognitiva y los índices de la disminución de la intención emocional luego de la reevaluación cognitiva (Ceballos-Marón *et al.*, 2023).

—Rúbrica CLAN. Se les solicita a los estudiantes la lectura de fragmentos de los capítulos de *El Principito*. A partir de la obra, se desarrolla la rúbrica de comprensión lectora CLAN, que permite la valoración de niveles lingüísticos de comprensión lectora. La versión digital de esta rúbrica fue creada para la investigación y se encuentra basada en la rúbrica previa creada por Morillas y Sevilla-Vallejo (2019). Esta rúbrica tiene como objetivo principal conocer cómo comprenden los niños la lectura de la obra *El Principito* (De Saint-Exupéry, 2018). La escala se divide en tres aspectos. El primero se refiere a la motivación. Los ítems 1 a 3 analizan la motivación o, en los términos de Paul Ricoeur, la mímesis I (Sevilla-Vallejo, 2019b), porque se pregunta por el interés que le despiertan los textos. El segundo aspecto de la escala se refiere a los componentes propios del cuento. En este sentido, se trabaja la mímesis II de Paul Ricoeur porque se demanda de los alumnos que lleguen a una síntesis y análisis textuales. Los ítems 4 y 5 preguntan por la comprensión del argumento o historia que se presenta en la obra, y los ítems 6 y 7 se refieren a la caracterización de los personajes y las relaciones entre ellos. El ítem 8 pregunta por la comprensión del léxico y el 9 por la comprensión de la sintaxis. Finalmente, el tercer aspecto de la escala se refiere a la interpretación que hacen los alumnos de la relación del texto con el mundo externo a este, lo cual se corresponde con la mímesis III de Paul Ricoeur, porque de este modo los alumnos conectan el texto con su propia realidad. Los ítems 10 a 12 apuntan a esta comprensión textual que enfatiza la reflexión por parte de los alumnos.

Procedimiento

En primer lugar, se les pidió a los docentes que, de manera voluntaria, respondan a una entrevista creada ad hoc, con el fin de recabar información sobre su perspectiva acerca de cómo influye la reevaluación cognitiva en la comprensión lectora de los estudiantes.

Dicha entrevista presenta como antecedente una entrevista realizada en tiempos de pandemia con el fin de estudiar la comprensión lectora y la regulación en estudiantes con trastornos de aprendizaje. Los datos de los estudiantes fueron recolectados a través de dos instrumentos de evaluación en formato digital que aseguran el anonimato de los participantes.

Para el procesamiento de los datos cuantitativos de ambos instrumentos, se confeccionó una matriz en el programa SPSS 2.5 (Statistical Package for the Social Sciences). A continuación, se puede visualizar el análisis de las entrevistas realizadas y sus respectivos resultados. Los resultados de la entrevista de 2020 que resultó de base se pueden consultar (Ceballos-Marón y Sevilla-Vallejo, 2021). Así, la entrevista que da lugar a esta investigación se realizó en diciembre de 2022, a diferentes docentes de nivel primario, segundo ciclo, de instituciones públicas de Villa Dolores, Córdoba, Argentina. Para una mejor comprensión del lector, se exponen gráficos con los resultados de la encuesta, con sus indicadores de frecuencia y los resultados cualitativos surgidos de la observación y la entrevista profundidad con los docentes, a fin de analizarlos de manera conjunta a la luz del andamiaje teórico elegido.

CAPÍTULO III
Resultados

1. ENTREVISTA A DOCENTES

A continuación, se exponen los resultados obtenidos de los 13 docentes entrevistados en tablas y cuadros:

Consecuencias académicas de la pandemia por covid-19

Categoría	Respuestas de los docentes
Aprendizaje pospandemia	7 docentes respondieron: "falta de comprensión lectora y problemas en la escritura", "diferencias marcadas entre estudiantes que realizaron las tareas virtuales y quienes no las realizaban o conectaban a las clases".
	2 docentes: "se observaron problemas vinculares", "dificultades para cumplir límites y normas de convivencia".
	2 docentes: "aspecto aprendizaje y emocional".
	2 docentes: "mayor dependencia de los estudiantes", "les cuesta trabajar solos".

Una de las principales diferencias que arrojan los resultados de la entrevista durante la pandemia en 2020 y 2022 es el siguiente. En 2020 los docentes pusieron el acento en las dificultades académicas producto del contexto, dejaron de lado los aspectos emocionales relacionados con el aprendizaje. No obstantes, en 2022 los docentes resaltaron la relación entre las dificultades en la regulación emocional y los problemas en la comprensión lectora.

Dichos resultados resultan significativos debido a que confirman lo ya expuesto en artículos académicos que demuestran que la comprensión lectora se encuentra vinculada positivamente con las emociones y la regulación emocional adaptativa (Ceballos-Marón *et al.,* 2022).

En la primera aproximación cuantitativa, un 54 % de los docentes consideró que la principal consecuencia que trajo aparejada la pandemia a nivel académico está relacionada con la falta de comprensión lectora, escritura y el copiado del pizarrón. No obstante, un 46 % hizo énfasis en aspectos psicológicos, como problemas emocionales y vinculares, tales como falta de límites, respeto y dependencia. Ello causó falta de interés en la lectura por parte de los alumnos y un déficit en la comprensión lectora, que, según el nuevo estudio, subsiste hasta la actualidad. Estos resultados son coherentes con lo expresado por docentes entrevistados en el año 2020, lo cual otorga al estudio cierta fiabilidad. En ese momento, ellos expresaban que la pandemia traería aparejados graves problemas a nivel académico, debido a que los estudiantes no se conectaban a las clases y, solo un grupo de ellos leía más y pocos se observaban motivados a hacerlo (Ceballos-Marón, Sevilla-Vallejo y Ceberio, 2022, p. 16).

Aspectos emocionales en los estudiantes

Identificación de emociones en el aula	
Si	84,6%
No	7,7%

La tabla muestra que la mayoría de los maestros coincidió en que sus estudiantes logran expresar sus emociones en el aula diariamente. Lograr identificar las emociones que surgen de un determinado suceso (Jhon y Gross, 2007) es fundamental para los estudiantes.

Dicha información nos permite pensar que si docentes logran transmitir técnicas de regulación emocional sus estudiantes podrán tener un mayor aprendizaje, motivación y una mirada sana hacia sí mismos.

Emocionalidad de los estudiantes

5 docentes expusieron que están conociendo sus emociones, expresan cada día lo que sienten y lo escriben.

1 docente refirió "falta de contención en los estudiantes".

2 docentes comentaron: "les cuesta expresar el enojo". "No ponen en palabras lo que siente y muchas veces se agreden entre ellos, Se observan muy susceptible después de la pandemia".

1 docente: "depende cómo están en el día".

1 docente dice que se observan estudiantes con altos niveles de frustración.

1 docente: "Todos lo tienen en claro sus emociones".

2 docentes no responden

• Los resultados son muy interesantes debido a que, si los niños, según los docentes, casi en su totalidad pueden comprender qué emociones están vivenciando, en ellos y los demás. Coincidente con lo expresado por Pons *et al.* (2004) quien dice que los niños a la edad de los estudiantes de la nuestra logran reconocer las emociones positivas y tienen un intento de control ante la demostración de emociones negativas.

Ello nos invita a pensar que entonces los maestros podrán transmitir herramientas que les permitan regularlas de manera eficiente. Como pudo visualizarse en la segunda entrevista, las emociones que mayormente repercuten en el aula son el enojo y la frustración; y uno de los docentes comenta que puede visualizar falta de contención. Estos datos no son menores, ya que concuerdan con los estudios realizados por Graziano *et al.* (2007), que demuestran que aprender información nueva o completar una determinada actividad despierta emociones en los niños que pueden causar ansiedad y frustración al no poder enfrentarlas. "Las emociones desempeñan una importante función adaptativa preparando al organismo para reaccionar ante cambios relevantes en el contexto y transmitiendo la formación de manera rápida y eficaz" (Gordillo-León *et al.*, 2021).

Andrés *et al.* (2017) postulan que la regulación emocional se encuentra directamente vinculada con el desempeño académico, es decir, que el aprendizaje se encuentra mediado por los estados emocionales de los alumnos, un dato relevante para que maestros tengan en cuenta diariamente en las aulas. Estudios recientes, confirman que las emociones en el aula no causan dificultad en el rendimiento académico cuando se encuentran reguladas de manera adaptativa (Ceballos-Marón *et al.*, 2022).

Algunas de las expresiones de los docentes respecto a la emocionalidad de los estudiantes que nos parece importante mencionar son: "Les cuesta expresar el enojo". "No se pone en palabra, o se pone en palabras que agreden". "Algunos volvieron muy susceptibles después de la pandemia".

Asimismo, puede observarse que un par de ellos utiliza como disparador para identificar las emociones la lectura y dinámicas grupales. Autores como Saavedra-Torres *et al.* (2015) exponen que las emociones interfieren en el aprendizaje de sus estudiantes y lograr identificarlas es imprescindible. Las emociones fuertes aumentan la codificación de memoria dentro de la amígdala, el estrés puede alterar la consolidación de la memoria por el hipocampo, y las funciones cognitivas y la memoria de trabajo desempeñadas por la corteza prefrontal. Como resultado, el estrés puede promover el almacenamiento de recuerdos fuertes desde el punto de vista emocional, pero obstaculizar la recuperación de esos recuerdos y la memoria de trabajo".

Estrategias generales de identificación de emociones

Categoría	Respuestas de los docentes
Estrategias utilizadas para identificar las emociones	6 docentes expresaron: "mediante el diálogo", "el abrazo en silencio".
	2 docentes: "mediante la literatura. Y utilización de cuentos que trabajan ESI".
	docentes: "observación a través de dinámicas grupales".
	4 no contestan.

La mayor parte de los docentes empleó el dialogo para la identificación emocional. Según expresan la mayoría diariamente en las aulas, conversan sobre las diversas emociones que sienten sus estudiantes.

Además, podemos ver algunos recursos tales como juegos y la literatura que les permite conocer el universo emocional de sus alumnos.

Vínculo entre las emociones y el aprendizaje	Emocionalidad y proceso lector
Docente N° 2: en caso de enojo y disgusto, un obstáculo, cuando sienten alegría pueden trabajar cómodos.	Docente N° 1: "afectan las emociones la lectura de los estudiantes".
Docente N° 7: expuso el ejemplo de que "un nene con problemas familiares no puede trabajar en clase".	Docente N° 2: las emociones afectan en el "timbre de voz, tono, tartamudez".
Docente N° 12: los niveles de autoestima, confianza y posibilidades influyen en el aprendizaje.	Docente N° 3: "si tienen prueba, si les afectan las emociones en su realización. Pero si están leyendo día a día no".
Docente N° 13: expresó que en algunos niños lo emocional afecta sus aprendizajes y en otros no.	Docentes N° 6, 7, 8 y 9: sí afectan las emociones en la motivación para leer.
	Docentes N° 10 y 12: sí afectan porque se quedan pensando en sus conflictos.

Es realmente llamativo que el mayor número de los entrevistados no contestó si las emociones influyen en el aprendizaje y cómo lo afecta. Quienes sí respondieron expresaron que tanto la alegría como el enojo influyen en el aprendizaje. Este dato no es menor, debido a que el conocimiento de las emociones es sustancial, aunque a pesar de ello, no todos aún reconocen dicha importancia. Una lectura entre líneas de los párrafos anteriores pone en evidencia que el aprendizaje constituye un constructo individual y social que se ve afectado por las apreciaciones y valores que, individual y socialmente, se les atribuyen a las emociones debido a ser estas construidas en términos culturales y contextuales, aspectos que determinan y regulan cuáles emociones son las apropiadas o aceptadas debido a la interacción entre el sujeto y el ambiente (Bisquerra,

2001). De esta manera, no hay aprendizajes fuera del espacio emocional, al punto que las emociones son determinantes para facilitar u obstaculizar dichos aprendizajes, los cuales, a su vez, están determinados por los intereses o necesidades del sujeto, debido a su interacción con el entorno.

Algunos de los docentes exponen no conocer estrategias adaptativas de regulación emocional y resulta llamativo que solo uno de ellos dice que le gustaría conocer dichas estrategias e informarse. Cabe recordar que Graziano *et al.* (2007), en sus estudios, concluyen que los niños que regulan mejor sus emociones presentan una mejor relación con sus docentes, mayor rendimiento académico y funcionamiento áulico. Por su parte, Eisenberg (1997) señala que niños que no presentan una regulación adaptativa de las emociones son más propensos a una emocionalidad negativa, lo que probablemente provoca respuestas negativas en sus pares y limita su adecuado aprendizaje.

La conducta típica de los estudiantes, según comentaron los maestros, es la parálisis ante el miedo que les genera una situación, un docente comenta que el grupo se solidariza y acompaña esta emoción. Estos resultados afirman los datos obtenidos en investigaciones como la realizada en la institución educativa privada San Juan Bosco, de Ayacucho, en el año 2020, en escuela primaria con un total de 112 estudiantes, dicho estudio concluyó que los niveles de ansiedad infantil repercuten en el logro de los aprendizajes. Si bien la población estudiada solo incluía estudiantes de hasta tercer grado, se pudo llegar a la conclusión de que un 68% de ellos presentaba una ansiedad alta, y ello llevaba a que obtuvieran bajas calificaciones. Dicho estudio demuestra que existía influencia de la variable dependiente, que era la depresión y que la ansiedad afecta el equilibrio emocional de los niños y niñas de escuela primaria e influye en su aprendizaje de manera negativa (Chuchón De La Cruz, 2021).

Regulación emocional e intensidad emocional según la perspectiva docente

Intensidad emocional	Regulación emocional
Mucho 23,1%	sí **61,5**
Bastante **69,2%**	no.. 38,5
Más o menos.. .. ..7,7%	

En relación con la regulación emocional, es importante aclarar en esta instancia que, debido a la variedad de estrategias de regulación emocional que los individuos ponen en práctica, su medición constituye un reto para los investigadores, quienes debemos decidir qué dimensiones se evaluarán. Es propicio tener presente que las dificultades en regular las emociones se vinculan directamente con comportamientos impulsivos y desadaptativos (Werner y Gross, 2010), y caracterizan aproximadamente un 75% de los diagnósticos del DSM (Manual Diagnóstico y Estadístico de Trastornos Mentales de la Asociación Psiquiátrica Americana (Barlow, 2000; Kring y Werner, 2004). En este punto es propio detenerse a pensar y reflexionar debido a que, según la teoría, la relación entre la intensidad emocional y la reevaluación cognitiva se encuentran relacionadas entre sí: a mayor reevaluación cognitiva menor intensidad emocional. Lozano *et al.* (2005) exponen que la intensidad emocional con la que el niño reacciona ante diversas situaciones se debe a que cuanto más alta es la intensidad emocional, las estrategias son más primitivas y rudimentarias. En el caso de la entrevista puede verse reflejado, a pesar de que los resultados no son tan marcados. Cuando encontramos una baja regulación emocional y una alta emocionalidad negativa, se cree que los estudiantes presentan problemas de conducta y/o adaptación.

Estrategias específicas de regulación emocional

Categoría	Respuestas de los docentes
Estrategias de regulación emocional	Docente N° 1: "lo que hacemos diariamente es identificar las emociones y tratamos de revertirlas".
	Docentes N° 2 y N° 5: "utilizamos técnicas de respiración, o salimos a dar un paseíto y volver". Compañía y esperar que disminuya el momento de crisis.
	Docentes N° 3, N° 5, N° 6: "mediante canciones y juegos para volver a la calma".
	Docentes N° 9, N° 10, N° 11: "hablarles, escucharlos tranquilizarlos".
	Docentes N° 4, N° 7, N° 8, N° 12, N° 13: "no conozco ninguna". El docente N° 13 expresa que, a pesar de que no conoce, intenta informarse.

Los datos presentados permiten conocer cuáles son las diferentes estrategias que utilizan diariamente los docentes en las aulas. Y vemos que para lograr estrategias adaptativas de regulación emocional son: invitar a sus estudiantes al diálogo, juegos, canciones y vuelta a la calma, otros utilizan la escucha, técnicas de respiración, caminata.

Es propio aclarar que varios exponen que necesitan conocer estrategias adecuadas para que sus estudiantes regulen las emociones.

Mediante talleres se podría brindar información relevante y diversas estrategias adaptadas según la edad de los estudiantes.

Entendiendo que la regulación emocional impacta en la motivación y el aprendizaje. Autores como Pekrun y Linnen-brink-García (2012) mencionan al respecto que aquellos que regulan sus emociones logran modificar el entorno social, comunicarse de manera más adecuada. Y por consiguiente mejores vínculos sociales.

Rol docente y regulación emocional

Categoría	Respuestas de los docentes
Rol docente y regulación emocional	Docentes N° 1 y N° 5: es importante el rol porque "la docente es la única capaz de revertir la situación en el aula".
	Docentes N° 2 y N° 3: sí es importante porque ellos esperan la voz del adulto para resolver situaciones.
	Docentes N° 6 y N° 9: sí es importante, pero hacen falta más charlas y talleres de educación emocional.
	Docentes N° 7 y N° 8: sí como andamio, en los casos de euforia, enojo. "Somos mediadoras".
	Docente N° 11: "sí porque tenemos que estar alerta a sus cambios y expresiones".
	Docentes N° 10, N° 12 y N° 13: sí es importante.

Resulta necesario que el docente desarrolle estrategias que le permitan favorecer el clima emocional áulico. El rol que asume el profesor en la formación de sus estudiantes es de suma importancia, ya que, es quien debe fomentar la capacidad de identificar y regular las emociones de los niños. Entre las conclusiones se destaca que los profesores manifiestan presentar espacios para escuchar a sus estudiantes, creación de espacios para drenar emociones y resolución de conflictos entre los niños. Los maestros realizan acciones concretas como reacción de sus propias emociones ante las emociones emergentes de sus estudiantes, debido a que consideran que las respuestas del personal docente como modelo en el desarrollo de la niña y el niño.

El 100% de los educadores comprende y tiene en cuenta su rol como regulador emocional de los estudiantes. Esto está en consonancia con lo que expresan Calderón-Rodríguez *et al.* (2014) acerca de que los educadores constituyen un pilar fundamental para los niños en el aula. La investigación que realizaron dichos autores durante los años 2011-2012, en la cual analizaron el papel de los docentes frente a las emociones vividas en el aula, buscaba identificar los conocimientos, habilidades, estrategias y recursos que utilizan los docentes como respuesta a las diferentes emociones que manifiestan los niños en el aula. En dicho estudio se concluyó que son muy importantes los conocimientos sobre las competencias emocionales que posean los docentes en educación emocional para lograr un adecuado proceso de enseñanza-aprendizaje a nivel áulico.

Calidad lectora

Calidad lectora 2020	Lectura postpandemia 2022
La mayoría de los docentes (69,2%) teniendo en cuenta las categorías: Muy bien, Bien, Satisfactorio y No contesta, observó en las aulas que la calidad lectora de los estudiantes es Muy buena. No obstante, exponen los maestros que los problemas residen en la comprensión lectora.	La totalidad de los docentes expresaron: que sus estudiantes "leen mucho mejor la presencialidad", "en tiempos de pandemia el que se conectaba, ahora no tiene tantos problemas", "el problema era los que no se pudieron conectar", "ahora leen más y mejor", "les gusta leer", "y que les lean" dentro del aula.

Realizando una comparativa entre la calidad lectora del año 2020 y 2022, se puede observar que la totalidad de los docentes coincide en que los estudiantes leen mejor postpandemia. Muchos de ellos atribuyen esta diferencia al trabajo realizado diariamente en el aula, donde los docentes les leen y ellos pueden seguir la lectura.

En el estudio realizado durante la pandemia en tiempo de aislamiento social, según las familias entrevistadas expresaban que sus hijos no realizaban las tareas y que presentan la mayoría falta de conectividad, la falta de interés por la lectura ("lo realizaban por obligación") y las graves consecuencias emocionales que se presentaban en dicho momento (Ceballos-Marón y Sevilla-Vallejo, 2020).

Motivación para el aprendizaje en el aula

Categoría	Respuestas de los docentes
Motivación en el aprendizaje	7 docentes expusieron que entre un 70% y un 90% se encuentran motivados para aprender. "La motivación viene aparejada del acompañamiento de las familias, que no todos tienen".
	3 docentes explicaron que entre el 90 y 100% de los estudiantes están motivados a aprender. "Todos tienen deseo por aprender y se encuentran más motivados".
	3 docentes: entre el 30% y 50% están motivados por aprender. "Son pocos los que cumplen", en ocasiones dependiendo el tema.

Con respecto a la relación entre motivación y aprendizaje áulico si bien el resultado de la encuesta muestra la gran mayoría de los alumnos se encuentra motivado para el aprendizaje, un número no menor no se muestra motivado por el mismo. Cabe destacar que el resultado es significativo debido a que estos estudiantes en el momento de la entrevista se encontraban en un segundo ciclo, a poco tiempo de comenzar el secundario. Aquí resulta relevante tener en cuenta que el rendimiento académico es un fenómeno complejo y multidimensional que responde a variables como la inteligencia, los conocimientos previos, las habilidades sociales (Caballo y Buela, 1989) y los estilos de aprendizaje (Sternberg y Lubart, 1995), el hecho de que algunos de los estudiantes no encuentren motivación para aprender puede convertirse en un obstáculo para su trayectoria escolar.

Consultados por la motivación, los docentes encuestados entienden que su falta se relaciona con la ausencia de acompañamiento familiar y depende del tema que se esté trabajando en las aulas. Respecto a esto, se toma un estudio realizado por Klimenko y Sepúlveda (2013) que demostró que un acompañamiento adecuado basado en la mediación cognitiva y afectivo-motivacional de las actividades de aprendizaje tiene un efecto significativo en la motivación frente al estudio

Niveles lingüísticos e interpretación de los textos

Facetas más afectadas	Facetas más logradas
5 docentes expusieron que los niveles más afectados son el nivel textual "al momento de comprender un texto determinado y hacerles preguntas sobre el mismo".	5 docentes expresaron que el nivel léxico está más desarrollado (sentido más gramatical del texto). "Utilizan el diccionario cuando no comprenden palabras de un texto".
4 docentes no responden la pregunta o evaden.	3 docentes respondieron que el nivel más desarrollado textual docentes refirieron que el más desarrollado es el nivel sintáctico (refiere al significado y las relaciones de sentido que las palabras establecerían entre sí).
"El nivel de texto más afectado, porque están comenzando".	
2 docentes: nivel sintáctico.	
2 docentes: nivel léxico.	El resto no contesta.

Según los docentes, los alumnos obtienen sus mejores resultados en los niveles lingüísticos. Como se puede ver, esta opinión la sostiene en relación principalmente del léxico y del empleo del diccionario. Esto nos lleva a dos consideraciones. La primera es que los docentes no parecen manejar mucho la teoría narrativa, porque al referirse al léxico solo como el sentido de la palabra, pero no integrada en el texto, da a entender que los docentes no hacen un trabajo real de niveles lingüísticos. Por otro lado, nos invita a pensar y reflexionar sobre lo que podría estar ocurriendo en las aulas. Claramente, si los educadores solo utilizan la oralidad como medio para evaluar la calidad de la lectura y los niveles lingüísticos, tal vez estaría faltando la escritura y presentación de diversos materiales a nivel textual que permitan una mayor ampliación del conocimiento en los estudiantes.

Lo anterior es coherente con que los docentes entrevistados defiendan que el nivel textual es el más afectado, aunque nuevamente los motivos que ofrecen los docentes indican un grado alto de confusión del proceso lector. De sus palabras se destaca lo siguiente: "Algunos les cuesta la comprensión" "Tengo grupos medios tímidos, distraídos y con falta de interés en el texto", "Otros muestran dificultades en la comprensión". "Algunos en etapa silábica aún". En estos comentarios, se mezclan aspectos propios de la motivación con consideraciones muy diversas de las causas de los problemas. En ningún momento, los docentes hacen una valoración en términos de la interpretación del texto.

En cualquier caso, los resultados son coherentes con estudios previos. Pérez-Zeledón (2003), quien también trabaja con alumnos de quinto grado, señala que el hábito lector debe ser fomentado por las familias y la práctica diaria en el hogar, debido a que este hábito lector permite el desarrollo humano. Además, concluye que los docentes lograban que los alumnos se encuentren motivados planificando actividades de agrado de ellos, que eran bien recibidas y aprovechadas por los estudiantes, es decir, que esta investigación no sólo pone énfasis en la influencia de las familias para lograr la calidad en el proceso lector, sino que demuestra que la motivación por parte del docente cumple un rol esencial. De esto podríamos concluir que los docentes entrevistados no definieron las actividades necesarias para el trabajo en niveles e interpretación.

Fallos en la comprensión lectora

Categoría	Frecuencia	Porcentaje	Porcentaje válido	Porcentaje acumulado
Sí	7	53,8	53,8	53,8
No	6	46,2	46,2	100,0
TOTAL	13	100,0	100,0	100,0

En relación con la comprensión lectora, la mayoría de los maestros comentaron que los estudiantes lograban comprender el material leído en clases. Sin embargo, los docentes consideran que hay un porcentaje muy alto de alumnos que no comprenden los textos, siendo casi la mitad de sus aulas no puede entender lo que lee. Resultados similares fueron publicados cuando se presentan a nivel país los resultados de las pruebas Aprender (realizadas en la Argentina en el 2022, en las áreas de Lengua y Matemática) a 20.000 estudiantes de primaria que asistían a sexto grado, puede observarse el impacto que dejó la pandemia y el cierre de las escuelas en las trayectorias escolares. Estas pruebas señalan que el mayor número de los alumnos tuvo un desempeño básico o inferior en el área de Lengua, no así en la de Matemática. Este porcentaje es importante de destacar, porque si lo comparamos con las pruebas aprender del año 2018, el porcentaje de alumnos con un nivel satisfactorio en la lengua era mayor (25% más). Las cifras resultan llamativas cuando asimilamos que dos de cada diez niños que asisten a sexto grado se encuentran logran comprender el material presentado sin ningún tipo de dificultad. Y que el resto (22,3%) restante estuvo por debajo del básico, sin poder jerarquizar información ni tener incorporada la práctica de la relectura ni la profundización de los textos escritos, donde debían reflexionar sobre algunas cuestiones como el tipo de narrador o las características de los personajes" (Vallejo, 2022).

Estrategias generales de evaluación lectora

Categoría	Respuestas de los docentes
Estrategias utilizadas por los docentes para evaluar la lectura	8 docentes expresaron que evalúan "mediante la oralidad "Siempre leemos en la hora de clase".
	"Lectura oral".
	"Con la oralidad diaria que se vuelca en una rúbrica", "lectura en voz alta".
	4 docentes: los datos de la lectura oral, se toman nota y luego se vuelvan a una rúbrica.
	1 docente: "se tiene en cuenta la evaluación sumativa y proceso, es decir, los trabajos áulicos y cómo responden académicamente".

En cuanto a la evaluación de la lectura y comprensión lectora, una notable mayoría de los entrevistados comentó que las estrategias con las que cuenta residen en la oralidad, lo cual es una respuesta extraña cuando se está preguntado por comprensión lectora. Si bien las competencias orales y escritas tienen mucho en común, al mismo tiempo, responden a destrezas diferenciadas, con lo cual entendemos que los docentes no se ocupan de forma específica en la escritura. No obstante, un número menor comentó que toman notas diarias de la lectura de sus alumnos y las vuelcan en rúbricas y tan sólo un docente expuso utilizar la evaluación del proceso lector. Destacando algunos comentarios de las entrevistadas expresa que para evaluar los estudiantes comienza las clases con lectura y comprensión de textos; y, para motivar la lectura, implementó el "cuaderno viajero", que los estudiantes llevan a sus hogares para, luego de leer un libro seleccionado por ellos, relatar la experiencia con la lectura. También, expresó: "Con la práctica, escucha. Deberes para realizar en el hogar: leer y redactar qué leyeron. Además de la evaluación del proceso de aprendizaje". Otra docente dijo: "Tenemos una rúbrica, una hora por día, tres veces por semana, en voz alta. Ejercicio reiterado oral". "Comprender y saber explicar lo que leyeron".

En relación con el componente emocional y su influencia en la comprensión lectora, es menester comenzar indagando sobre la identificación de emociones para, a partir de ahí, analizar las emociones identificadas y la estrategia utilizada, o no, por los estudiantes, para el manejo emocional.

La mayoría de los docentes comentó que las emociones afectan al proceso de comprensión lectora. Dichos resultados concuerdan con estudios realizados en Mar del Plata, Argentina, por Andrés *et al.* (2017), en estudiantes del mismo rango etario, y que demostraron que una adecuada regulación emocional resulta un factor significativo en la comprensión de textos y habilidades académicas en general.

2. RESULTADOS TAREA TIRC

Del total de estudiantes evaluados (285) 141 fueron mujeres y 144 varones. De los mismos, 125 asisten a 4.º grado, 91 a 5.º y 69 a 6.º grado. Vale aclarar que son los mismos estudiantes con los que se realizó la rúbrica CLAN, aunque 15 de ellos no realizaron la Tarea TIRC, por "sentirse cansados".

En cuanto a la relación entre la regulación emocional y la lectura comprensiva, los resultados obtenidos ponen de manifiesto una correlación estadísticamente significativa, lo cual establece el vínculo entre ambas capacidades. Respecto a la relación que se hipotetizaba que existiría entre la comprensión lectora y la regulación de emociones, se pudo confirmar que la correlación es positiva y estadísticamente significativa. Se trata de una correlación baja, lo que resulta congruente debido a que una de las variables está relacionada con la regulación de emociones y la otra variable es cognitiva (comprensión lectora).

En cuanto a la herramienta en sí, al comenzar con la tarea, se pide a los participantes que piensen qué sentirían ellos si les pasara lo mismo que se relata en cada historia. Para sus respuestas, tienen que optar entre las emociones propuestas debajo de cada una y luego indicar cuánto de esa emoción sentirían. Las mismas pueden reconocerse en el anexo.

Luego, para la reevaluación cognitiva, se presentan algunos pensamientos que otros chicos de su edad tuvieron ante las mismas situaciones presentadas, para que identifiquen, entre las respuestas dadas, cuáles son dos maneras de pensar en positivo.

Las emociones fueron escogidas a partir de las historias propuestas por Carolina Sarni (1997), que partió de analizar la respuesta a las emociones primarias. Sin embargo, dado que las emociones como el asco son complejas de conceptualizar, se la cambió por otras emociones más sociales como vergüenza.

Emociones identificadas en cada historia

	Historia1: "Pantalones rotos"	Historia 2: "Pepe se fue"	Historia 3: "Yo no fui, fue el perro"	Historia 4: "Fuertes ladridos"	Historia 5: "Burlas a la campera"
Alegría	0.00%	0.00%	0.00%	2.10%	6.30%
Disgusto	2.10%	1.10%	14.70%	6.30%	23.20%
Enojo	11.60%	4.20%	78.90%	3.20%	41.10%
Miedo	2.10%	9.50%	0.00%	84.20%	1.10%
Sorpresa	1.10%	4.20%	3.20%	4.20%	4.20%
Tristeza	14.70%	80.00%	2.10%	0.00%	0,4%
Vergüenza	**68.40%**	1.10%	1.10%	0.00%	6.30%

En este punto es importante aclarar que la presente investigación considera el comportamiento de elección como el medio fundamental por el cual los individuos ejercen control sobre sus entornos. Hacemos hincapié en el componente emocional de este comportamiento de elección porque es el menos investigado, hecho sorprendente, dado que la adaptación saludable requiere elegir con flexibilidad entre estrategias de regulación de una manera que responda a las diferentes demandas situacionales.

En esta tabla puede verse como los mismos escogen las que se esperan. Lo cual permite deducir que los estudiantes logran reconocer el universo emocional que se les presentó en las historias, lo que nos permite inferir que los mismos presentan la habilidad del reconocimiento emocional y lo hacen sin mayores dificultades, ya que lograr identificar la emoción esperada para cada historia presentada a los estudiantes

Primera medición de la intensidad emocional

	Historia 1: "Pantalones rotos"	Historia 2: "Pepe se fue"	Historia 3: "Yo no fui, fue el perro"	Historia 4: "Fuertes ladridos"	Historia 5: "Burlas a la campera"
Casi nada	2,5%	2,8%	1.4%	2.5%	1.1%
Muy poco	1,8%	1,4%	1,1%	6.7%	5,6%
Poco	2,8%	2,8%	6,0%	4,6%	4.9%
Más o menos	7,7%	7,7%	10.2%	12,6%	14,7%
Bastante	14,7%	21,4%	21.8%	25,6%	22.5%
Mucho	36,1%	24,9%	25,3%	**27,0%**	27,0%
Muchísimo	**61,4%**	**38,9%**	**34,4%**	21,1%	24,2%

La anterior tabla refleja la primera medición de la intensidad emocional. Esto permite conocer el grado de reacción de los alumnos frente a las emociones presentadas, es decir, informa sobre la magnitud de la alteración que los alumnos sienten de partida. A partir de los datos observados en la tabla podemos inferir que en las tres primeras historias que conformaban la prueba, que involucraban emociones tales como enojo, vergüenza y tristeza, la intensidad más seleccionada por los estudiantes fue "muchísima".

Y en las dos últimas historias, donde las emociones involucradas eran miedo y enojo, la intensidad predominante fue "mucha". Grolnick, Bridges y Connell (1996) consideran que la regulación emocional se logra a partir de la sensibilización emocional y las estrategias que alteran o modifican las respuestas emocionales empleadas por el niño. En el caso de la muestra expuesta, se puede ver claramente la relación causal entre la reevaluación cognitiva y la intensidad emocional. Cuando la tarea TIRC fue presentada en niños de mayor edad, los niveles de intensidad emocional eran moderados a altos (Ceballos-Marón *et al.*, 2023). Esto refrenda trabajos previos como los de Grolnick *et al.* (1996) y Nachmias *et al.* (1996), los cuales expresan que, a medida que el desarrollo evolutivo del niño progresa, la regulación es más activa y autónoma debido a los mecanismos cognitivos, atencionales y lingüísticos que subyacen a la autorregulación. Las diferencias individuales que pueden observarse en la muestra, siguiendo a lo expresado por Lozano *et al.* (2005), pueden deberse, además, al temperamento de los alumnos, temática que podría ser abordada en estudios futuros.

A partir de lo observado en la tabla, se puede sugerir que muchas respuestas emocionales son automáticas, y que existe una correlación entre la respuesta y la clase de emoción en cuestión. Al partir de entender a la implicación emocional del lector como un componente intrínseco del proceso, se puede observar que, si bien existe una marcada tendencia grupal en el reconocimiento de la emoción predominante, las respuestas no son homogéneas. Es válido aclarar que no se debe únicamente a las vivencias subjetivas de cada niño, o la posibilidad de identificar las distintas emociones, sino a la imposibilidad de nombrarlas o conocer las diferencias entre ellas. Respecto a esto, es menester recalcar que la toma de conciencia de las propias emociones, es decir, la capacidad para percibir con precisión los propios sentimientos y emociones, identificarlos y etiquetarlos, se diferencia de la capacidad de dar nombre a las emociones. En este sentido, es importante resaltar la importancia de la eficiencia en el uso del vocabulario emocional adecuado, teniendo en cuenta las expresiones disponibles de su contexto cultural, para designar las emociones.

Identificación de pensamiento positivo

	Ejemplo 1	Ejemplo 2	Ejemplo 3
Si	93,3%	92,3%	94,4%
No	6,7%	7,7%	5,6%

Teniendo en cuenta los datos presentados en esta tabla, las emociones totales surgidas en los alumnos y la diferenciación significativa entre variables se puede verificar que la identificación del pensamiento positivo en los distintos personajes fue significativamente mayor. Como puede observarse, casi la totalidad de los estudiantes que conformaron la muestra escogió una manera positiva de pensar ante situaciones adversas, y logró empatizar con los personajes. A medida que el niño crece, las respuestas emociones serán más reguladas. Algunos autores sostienen que niños que presentan una alta emocionalidad negativa son más reactivos y muestran menores habilidades de regulación emocional (Stifter *et al.*, 1999).

Identificación de estrategias específicas de regulación emocional

	Situación 1: "Pantalones rotos"	Situación 2: "Pepe se fue"	Situación 3: "Yo no fui, fue el perro"	Situación 4: "Fuertes ladridos"	Situación 5: "Burlas a la campera"
Planificación	20,0%	10,5%	4,9%	**27,5%**	**29,6%**
Autoculpabilización	12,5%	1,4%	11,9%	5,1%	11,6%
Rumiación	6,9%	10,5%	7,7%	15,3%	7,7%
Reevaluación positiva	**30,2%**	23,3%	23,2%	21,1%	24,2%
Poner en perspectiva	24,4%	31,9%	**36,3%**	16,0%	21,6%
Catastrofización	3,1%	6,8%	12,5%	12,8%	2,8%
No contesta	2,8%	2,6%	3,5%	2,3%	2,5%

En esta tabla se puede observar que la estrategia de regulación emocional más utilizada por los estudiantes es poner en perspectiva. Según estudios realizados por Andrés (2017) dicha estrategia es esencial para lograr el éxito académico. Cabe aclarar que la puesta en perspectiva al igual que la planificación y la reevaluación positiva, pueden englobarse dentro de la estrategia Reevaluación Cognitiva. Dichas estrategias logran modificar el impacto emocional y mejorar el nivel académico (Uusberg *et al.*, 2015).

Segunda medición de la intensidad emocional

	Situación 1: "Pantalones rotos"	Situación 2: "Pepe se fue"	Situación 3: "Yo no fui, fue el perro"	Situación 4: "Fuertes ladridos"	Situación 5: "Burlas a la campera"
Casi nada	3,5%	2,8%	6,3%	3,9%	3,2%
Muy poco	7,7%	1,4%	4,2%	5,3%	8,8%
Poco	10,2%	2,8%	8,1%	8,1%	7,4%
Más o menos	**26,0%**	7,7%	19,6%	22,8%	**25,3%**
Bastante	22,8%	21,4%	29,1%	22,5%	23,2%
Mucho	27,9%	24,9%	19,3%	25,6%	20,7%
Muchísimo	11,9%	38,9%	13,3%	11,9%	11,6%

Esta segunda medición se realiza después de haber trabajado con los alumnos para que regulen sus emociones. Se realiza nuevamente la medición de los niveles de intensidad emocional. De este modo, se quiere comprobar si el trabajo en regulación emocional si reduce o no la intensidad emocional, es decir, si esta intervención ayuda a los alumnos a gestionar mejor sus alumnos. En esta tabla se puede observar que el nivel de intensidad emocional en las 5 historia es muy variable y se encuentra distribuido entre "más o menos" y mucho" predominantemente. En comparación con Tabla antes descrita que mide intensidad emocional previo a la reevaluación cognitiva, esta denota una ligera disminución de la intensidad emocional. Confirmando así lo que se expuso anteriormente, que a medida que los estudiantes logran estrategias de regulación emocional más adaptativas, disminuye la intensidad de las experiencias emocionales.

Si comparamos los resultados de la primera y la segunda medición podemos comprobar que ha habido una disminución notable de la intensidad emocional. En la primera medición, se puede comprobar que los resultados se agrupan en torno al grado más extremo ("Mucho" y "Muchísimo"). En cambio, en la segunda medición, los mayores porcentajes van desde datos intermedios ("Más o menos" y "Bastante") hasta esos resultados más extremos. De este modo, después de una breve intervención en regulación emocional, se ha logrado que algunas situaciones produzcan una intensidad emocional más tolerable y otras continúen en altos niveles, que es una mejoría con respecto a la situación inicial, donde todas las situaciones resultaban altamente aversivas.

Ello nos permite comprender que, si los docentes en las aulas diariamente logran enseñar a sus estudiantes estrategias de regulación emocional adaptativas, los estudiantes tienen la capacidad de aprenderlas y llevarlas a cabo. Tal y cómo se expuso en el marco teórico los docentes son un factor externo importantísimo para impartir estrategias adaptativas, junto con la familia.

3. RESULTADOS DE LA RÚBRICA CLAN

Previo al estudio actual, esta rúbrica se presentó a un total de diez estudiantes entre nueve y doce años. Los mismos, al momento de su realización, expresaron agobio ante la totalidad del material. Es por ello que se decidió reducir la rúbrica a dos textos, cada uno con tres y cuatro preguntas que respondieran a las partes y subpartes previamente establecidas para el posterior análisis.

Distribución de alumnos por grados

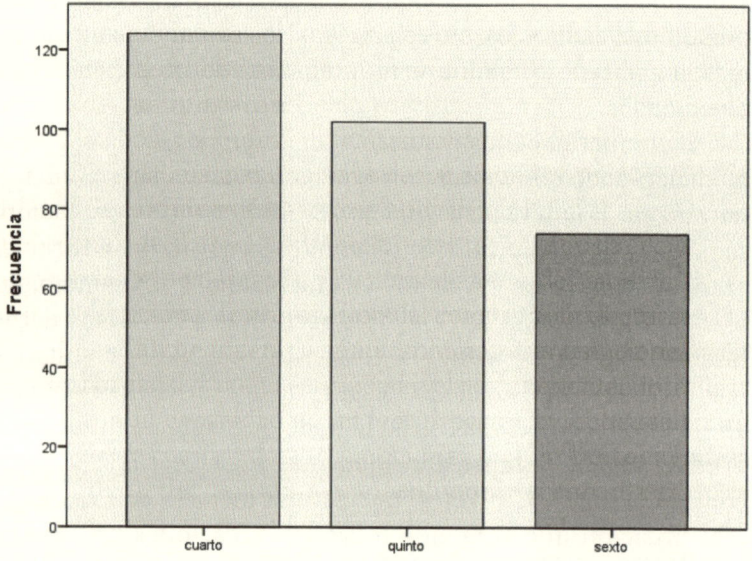

La rúbrica fue realizada a una totalidad de 300 estudiantes del Segundo Ciclo de la escuela primaria (4.º, 5.º y 6.º grado), de gestión pública, en la ciudad de Villa Dolores Córdoba. Respecto a la diferenciación por géneros de los participantes, 151 entrevistados se identifican con el género masculino, 148 con el género femenino y 1 de ellos no refiere. En cuanto al grado que cursaban al momento de la realización de la rúbrica, se puede observar en el gráfico siguiente que 124 niños, asistían a 4.º grado, 102 a 5.º y 74 a 6.º. Se van a analizar los resultados sin hacer distinciones de género ni de curso académico porque esencialmente los resultados fueron los mismos.

Motivación

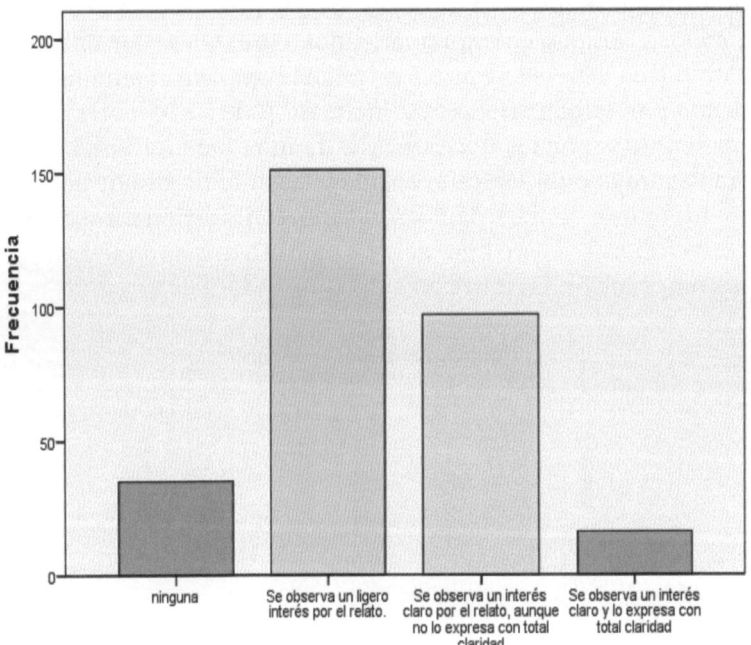

Para medir el componente motivacional, la rúbrica tuvo en cuenta: si los estudiantes expresaban curiosidad respecto a los relatos (lo cual se valora por los comentarios de interés emitidos por los niños); si comprenden que lo percibido del texto completa su cultura (para lo que se realizan preguntas sobre aspectos culturales presentes en el texto) y si expresan su opinión respecto de lo leído (para lo que se les pide que expresen qué emociones, ideas y/o actitudes les provoca). En el siguiente gráfico se puede observar que hay una frecuencia considerable de alumnos que no están motivados, la mayoría de los estudiantes manifiesta un ligero interés por el relato, y un grupo menor muestra un interés claro (se exprese este de forma precisa o no). Todo esto es un reflejo de los problemas con respecto a la Mímesis I. Como se va a ver, esta distribución se repite en otras preguntas.

En todos los casos, se puede decir que la motivación lectora es escasa, porque son muy pocos los que tienen un interés claro y son más los que no están motivados o lo están de forma ligera. Esto puede deberse a que les resultaba complejo el lenguaje utilizado por Saint-Exupéry, o a la escasa diversidad de los textos presentados por los docentes y la familia para ser leídos, que trae aparejado un léxico reducido y las dificultades de abordar textos que no concuerdan con el formato tradicional del cuento corto infantil, a este dato se suma al reto que supone trabajar la comprensión lectora con este alumnado

Conocimiento del argumento

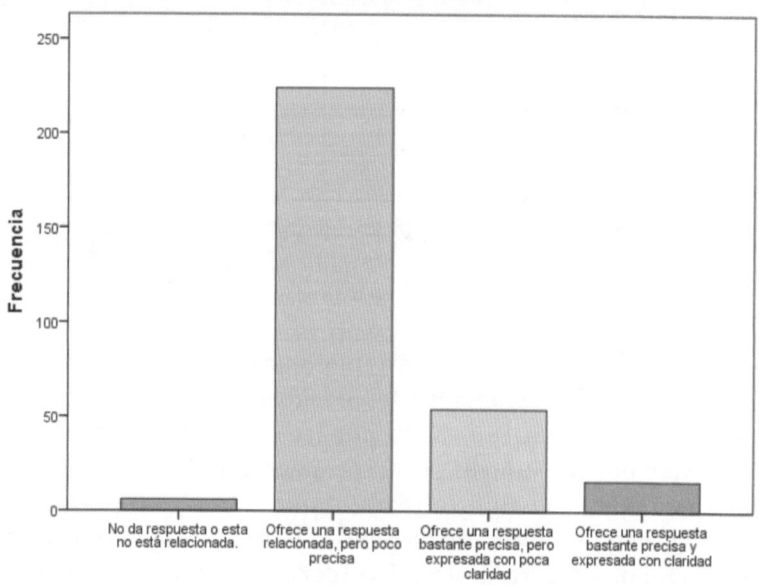

En las respuestas acerca del argumento del primer texto presentado, puede observarse una marcada tendencia en la que los estudiantes, si bien ofrece una respuesta relacionada a la línea argumental del texto propuesto, la misma, muestra marcadas imprecisiones y es poco precisa. Como se anticipaba, en este caso se repite la misma distribución que en la motivación y que en los otros niveles lingüísticos: algunos alumnos no dan respuesta, la mayoría da una respuesta poco precisa y una parte inferior dan respuestas precisas (expresadas con poca o con mucha claridad). Esto nos dice que el argumento principalmente se entiende, pero de una forma muy limitada, lo cual dificulta el primer elemento de la Mímesis II.

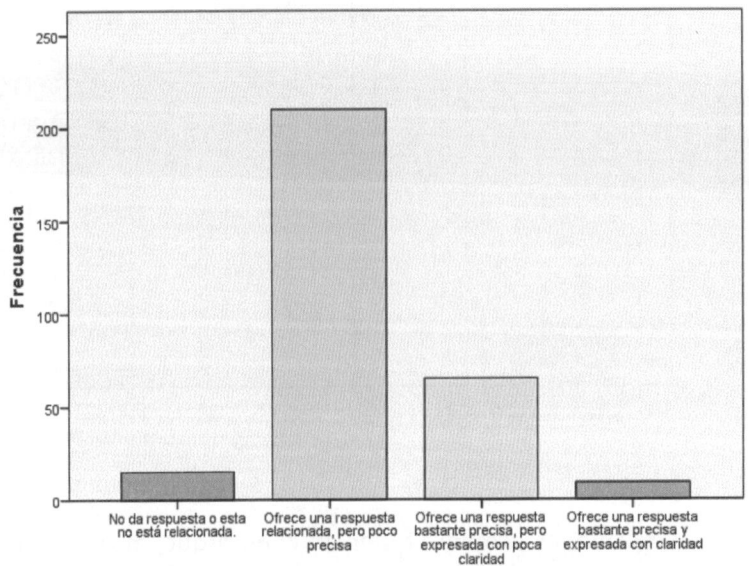

Reconocimientos de personajes

En el apartado se les pide a los estudiantes que caractericen a los personajes y puede observarse que no existen muchas diferencias respecto a la comprensión de argumento (ver gráfico). En el gráfico puede observarse un ligero aumento en la categoría "Ofrece una respuesta bastante precisa pero expresada con poca claridad", respecto al cuadro de argumentos, sobre todo en los estudiantes, pero esencialmente es la misma distribución, lo cual índica que, para este segundo aspecto de la Mímesis II, volvemos a tener algunos sujetos que no responden, una mayoría que saben describir a los personajes, pero con un conocimiento vago y luego una cantidad de alumnos menor que tiene una respuesta precisa (expresada sin y con claridad). En conjunto, el resultado nos informa de carencias en la comprensión de esta faceta de la lectura.

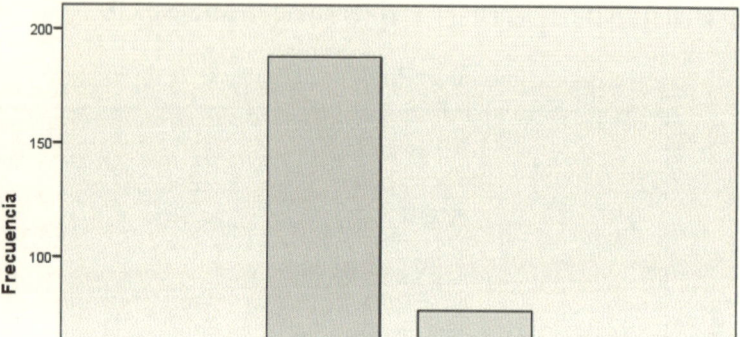

Asimismo, es propicio tener en cuenta que, para la valoración de los niveles lingüísticos, se pidió a los estudiantes que valoren la aportación de algunos términos al significado del texto, a fin de determinar si captaban o no, la riqueza de matices léxicos del texto. A nivel general, podemos visualizar cómo los estudiantes, en su mayoría (ofrecen una respuesta relacionada pero poco precisa de los textos presentados, lo cual es equivalente a los anteriores resultados. Del mimo modo que, en apartados anteriores, encontramos una frecuencia no despreciable de alumnos que no entienden el léxico, mayor que lo entienden de forma poco precisa y menor de nuevo que lo entienden de forma precisa (expresada con poca o mucha claridad). Puesto que todos estos niveles de la Mímesis II son esenciales para los microprocesos de lectura, estamos ante considerables dificultades en el proceso lector.

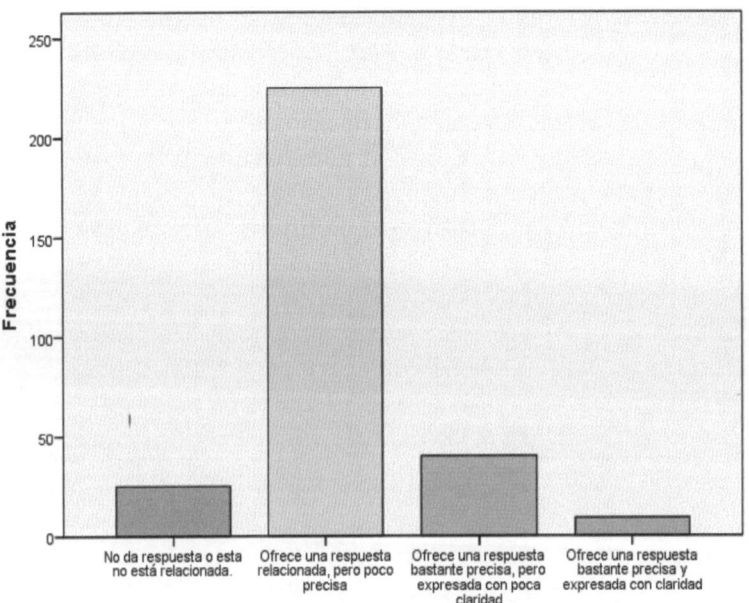

Nivel sintáctico

Para analizar el campo semántico, se pidió a los alumnos que valoren la aportación de algunas oraciones al significado del texto, con el objeto de evaluar si captaban la riqueza de matices sintácticos del mismo. Como en los anteriores niveles de la Mímesis II, los resultados indican que el mayor número de estudiantes ofrece una respuesta relacionada pero poco precisa. Esto demuestra que logran conocer matices sintácticos de los textos, pero no con la riqueza que se espera para el grado al cual asisten.

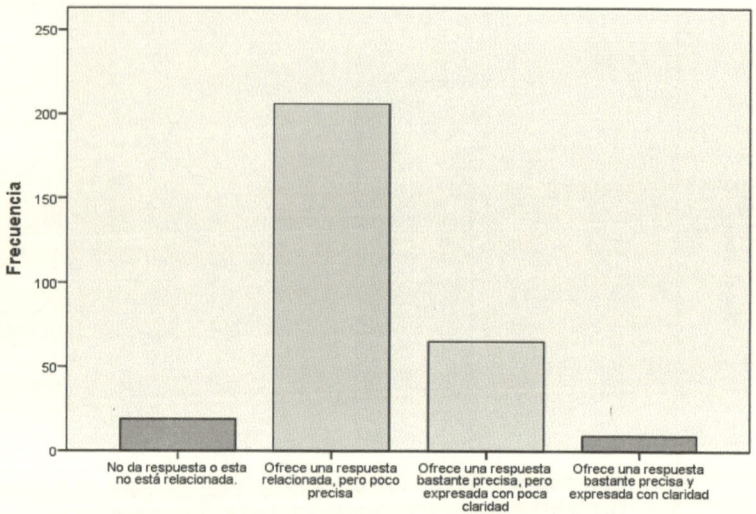

Comprensión textual

En este caso, se evaluó si el alumno lograba percibir que el relato le ayudaba a conocerse mejor, conocer a los otros o al mundo. Para lo cual, luego de su lectura, se les preguntó: qué habían aprendido sobre su forma de sentir, pensar o actuar; sobre la forma de sentir, pensar o actuar de otras personas; y/o sobre el mundo que los rodea. Este factor tiene que ver con la cantidad de vocabulario, la cercanía o familiaridad de ese vocabulario y el contexto semántico en el que se utiliza y el uso de ese contexto. Se encuentra nuevamente la misma distribución en la que destaca el grupo de alumnos que son capaces de hacer inferencias propias de la Mímesis III, pero de forma poco precisa y se encuentran una frecuencia de personas que no pueden hacer ningún tipo de inferencia. Cabe aclarar que, para valorar el nivel lingüístico textual, se evaluó si el estudiante tenía la capacidad de extraer conclusiones en los textos presentados, cómo se resuelve el conflicto en el texto o cómo podría resolverse, para lo cual se hicieron preguntas para valorar el desenlace y sus consecuencias.

Respecto a las dimensiones básicas de la comprensión lectora que revelan las puntuaciones, se advierte que a los participantes les cuesta elaborar suposiciones sobre el contenido a partir de la información leída, tienden a una lectura pasiva. En cuanto a la comprensión literal, más de la mitad de ellos tiene problemas para comprender literalmente el texto, siendo la dimensión lectora más básica. También presentan dificultades en la comprensión inferencial, cuando se trata de establecer conexiones lógicas entre los datos del texto para su interpretación, los resultados reflejan el predominio de errores sobre aciertos y que las diferencias entre comprensión inferencial y crítica no son muy relevantes. Cabe señalar también la dificultad de más del 75 % de los alumnos para reorganizar la información leída y expresarla con claridad, para lo que es imprescindible la lectura interpretativa.

Desde la psicología cognitiva, se entiende que la investigación sobre el papel de la motivación en el ámbito educativo ha provisto en las últimas décadas suficiente evidencia respecto de la interrelación entre cognición y motivación. Esto significa que, cuando actúan en conjunto las disposiciones y actitudes favorables hacia el aprendizaje con variables cognitivas y el conocimiento previo, los estudiantes tienen más probabilidad de tener éxito académico.

CONCLUSIONES
El universo emocional y la maravillosa aventura de la lectura

A lo largo de esta obra se ha desarrollado el papel de las emociones en nuestras vidas, empezando por las evidencias neurológicas, que dan cuenta del efecto que tienen sobre todo nuestro sistema nervioso; y siguiendo por la experiencia, comprobable empíricamente, de que las estrategias que empleemos para enfrentar la perturbación propia de las emociones dotadas de intensidad son fundamentales para que el sujeto se adapte de manera más o menos positiva. Todo esto tiene implicaciones muy profundas para el autoconcepto y la autoestima con la que se concibe el sujeto y también para el desarrollo de competencias y, por ello, les emociones representan todo un universo para el sujeto. Una de las competencias relacionada es la comprensión lectora que, como toda tarea con un procesamiento cognitivo complejo, se ve muy afectada por la regulación emocional, en sentido negativo cuando se emplean estrategias desadaptativas y en sentido positivo cuando se utilizan estrategias adaptativas. Por ello, la lectura es una maravillosa aventura porque ofrece una experiencia al lector donde se siente motivado a vivir con los personajes los retos a los que se enfrentan; porque lleva a la persona a reflexionar sobre el contenido (argumento y personajes) y sobre el propio lenguaje con el que se expresa (niveles morfosintáctico y léxico-semántico); y porque además le lleva a reflexionar sobre el sentido global (nivel textual), que le permite realizar inferencias sobre sí mismo, sobre el mundo y sobre los demás. De este modo, leer puede ser una experiencia inmersiva, en la que el sujeto viva lo que lee, lo analice y así mejore su competencia literaria y lingüística y además ofrece aprendizajes que afectan a la propia identidad y la capacidad del sujeto de relacionarse. En la introducción, se ha observado que existen numerosas evidencias sobre la importancia de la regulación emocional y la comprensión lectora para que se les dedique atención en el sistema educativo, en los hogares y en la sociedad en general, así como para que esto se haga de forma relacionada. Se ha visto también que en torno a la neuroeducación se está articulando este conocimiento que nos demanda un trabajo interdisciplinar para ofrecer una formación integral.

En los tres capítulos centrales se ha presentado el proceso de investigación que en conjunto ha abarcado entre 2018 y 2024, donde se añadió al interés propio del estudio las circunstancias derivadas de la pandemia que acuciaron las problemáticas en emociones y lectura. El estado actual de la neurociencia, y específicamente el de la neuroeducación, nos permite estudiar de forma sistemática qué áreas cerebrales están relacionadas con funciones cognitivas específicas y de ahí observamos que las emociones son fundamentales para el desarrollo evolutivo y para el afrontamiento de todo tipo de situaciones. Por ello, se presenta de forma organizada los factores implicados en las emociones y más en concreto en la regulación emocional con el fin de ofrecer a los alumnos una alfabetización emocional. Asimismo, debemos ayudar a los alumnos a que gestionen y reduzcan la intensidad emocional que les producen situaciones estresantes. Una mejor regulación emocional tiene beneficios en el desarrollo del alumno, en su salud y también en su capacidad para aprender. Esto se pone de manifiesto en la lectura, que también atraviesa una evolución por estadíos y que requiere de motivación y capacidad para poder gestionar el procesamiento de los niveles lingüísticos. Estos dos apartados terminan con herramientas digitales que los autores han desarrollado para medir regulación emocional, la Tarea TIRC, y comprensión lectora, Rúbrica CLAN, que buscan ayudar a mejorar ambos aspectos de forma accesible.

En definitiva, tal como señalan Sanjuán-Álvarez y Cristóbal-Hornillos (2022), puede concluirse que la dimensión emocional es relevante en cualquier situación de aprendizaje, dado que las emociones y características socioculturales del alumno se erigen como productoras de sentido, coadyuvando, por ende, a la construcción de la identidad personal y el desarrollo de los individuos en sus múltiples facetas vitales, afectivas, estéticas y éticas. Pudo observarse que poner el acento sólo en el aspecto cognitivo del proceso lector a costa de marginar el componente emocional empobrece la relación entre el lector y el texto y la posibilidad de que la lectura transforme al lector. Partir del supuesto de que existe una diversidad en los modos de apropiación de sentido de los textos, y de que toda lectura está atravesada por la subjetividad del lector, implica que los estándares de evaluación lectora deben ser comprensivos y responder a dicha subjetividad, promoviendo que el niño lector despliegue su universo emocional y se apropie de los diversos textos mediante su emocionalidad y fascinación, tal como sugiere Francisco Mora en el título de su libro *Sólo se puede aprender lo que se Ama* (Mora, 2019).

El presente estudio brinda un recorrido teórico y práctico logrado a partir de varios años de dedicación. Es importante aclarar que la capacidad para regular las emociones de forma apropiada supone tomar conciencia de la relación entre emoción, cognición y comportamiento; y que, no obstante, el currículo del segundo ciclo del EGB no contempla las estrategias de afrontamiento ni la capacidad para autorregular las emociones.

En relación con lo arrojado por la entrevista sobre emociones, se observa que, desde la pandemia, los docentes son más conscientes de la relación entre la regulación emocional y la comprensión lectora y, de forma más específica de la necesidad que tienen sus alumnos de conocer mejor sus emociones, por lo que podemos concluir que existe una verdadera necesidad de educar en regulación emocional. No obstante, cuando se les pregunta por la relación concreta en entre regulación emocional y comprensión lectora no saben explicarla o lo hace de forma contradictoria. Si bien los docentes comprenden su rol en la regulación emocional de los estudiantes, expresan no tener la formación que se requiere para acompañarlos diariamente en la expresión de sus emociones de una manera óptima, para, de esta forma, lograr un mayor rendimiento en su comprensión lectora. Así, en ambos casos la estrategia general que usan para abordarlas es el diálogo que no es suficiente ni para gestionar las emociones ni la lectura y da cuenta de que efectivamente los docentes no tienen actualmente conocimientos para abordar tareas que saben que deben afrontar. Incluso después de haber formado a los docentes en las estrategias de regulación específicas, no reconocen ninguna de ellas en su práctica habitual. Por ejemplo, la intervención más común que asemejan a una estrategia de regulación es el reconocimiento de la emoción y la intención de revertirla, pero eso no implica un método de gestión concreto.

Según lo expuesto por las docentes respecto de las consecuencias de la pandemia en la comprensión lectora de los estudiantes, a nivel académico las más notables fueron: la falta de comprensión lectora, las dificultades en la escritura y el copiado de pizarrón. Tanto la motivación (Mímesis I) como la comprensión de los niveles lingüísticos, como respecto de sus niveles morfosintáctico y léxico-semántico (Mímesis II) y del nivel textual (mímesis III) son bajos. Y, como ya se ha mencionado las respuestas de los docentes indican que no conocen cómo abordar estos niveles. En cuanto a sus estrategias generales, responden en su mayoría que trabajan la competencia escrita mediante la competencia oral, lo cual es insuficiente porque, siendo ambas competencias lingüísticas, se necesitan trabajar aspectos específicos de lo escrito, como los expuestos en este libro.

En relación con la Tarea TIRC, si bien las estrategias adaptativas como la planificación o poner en perspectiva muestran los porcentajes más elevados, la suma de las estrategias de regulación emocional desadaptativas (catastrofización, auto-culpabilización y rumiación) escogidas por los estudiantes es muy altas. Cabe resaltar que si tenemos en cuenta la edad de los entrevistados (entre nueve y doce años), esto es alarmante, debido a las implicancias que trae aparejado a nivel académico, como se expuso en el marco teórico.

Sin embargo, se comprueba que, si se brindan técnicas de regulación emocional adaptativas a los estudiantes, la intensidad emocional se reduce a su vez la emocionalidad percibida como negativa, tal cómo se muestra en la segunda medición de intensidad emocional.

Comparando los resultados de la entrevista a docentes y la Tarea TIRC con respecto a la emocionalidad de estudiantes y las estrategias de regulación emocional, coincide que los mismos presentan frecuentemente emociones percibidas negativas tales como el enojo, la frustración y la ansiedad. Si bien la mayoría de los estudiantes logró identificar sus emociones, la intensidad con la que viven las mismas es muy alta. Ello se debe a que, si bien un grupo logró regular sus emociones de manera sana o adaptativa, un grupo mayoritario optó por la rumiación, catastrofización y autoculpabilización.

La Rúbrica CLAN como decíamos ofrece resultados equiparables a la encuesta y, además, muy consistentes. Tanto en la motivación (Mímesis I) como en el conocimiento sobre el contenido del cuento, que se preguntó a través del argumento y de los personajes, como en cuanto al léxico y la sintaxis (Mímesis II); como en el nivel textual (Mímesis III), tenemos distribuciones de las respuestas muy parecidas, en las que hay un número de respuestas considerable de alumnos que no responden la tarea, una mayoría que da una respuesta relacionada pero poco precisa y pocas respuestas precisas. Esto nos indica que un grupo importante de alumnos no comprende a nivel general el texto y por consiguiente no logra realizar la tarea, es decir. Son muy pocos los que tuvieron una alta motivación (Mímesis I), realizaron buenas valoraciones del cuento (Mímesis II) e interpretaciones acerca de este (Mímesis III), las expresen con poca claridad o con claridad. Los resultados tanto de la encuesta como de la Rúbrica CLAN coinciden con los obtenidos en las pruebas Aprender 2021, las cuales demostraban la existencia de un marcado deterioro en el área de Lengua en todo el país, cuyo aprendizaje se encontraba por debajo del nivel básico esperado. El conjunto de evidencias nos informa de la necesidad de formar a docentes y alumnos en estrategias concretas para la comprensión lectora.

La situación se torna preocupante si se tiene en cuenta que son estudiantes de segundo ciclo, próximos a ingresar a los estudios de nivel secundario, con la dificultad que conlleva la carencia de una comprensión lectora apropiada a su nivel de desarrollo. Dichos resultados puede obtenerlos el lector de los resultados de las tablas como de las entrevistas a los docentes, dónde se expuso que el nivel textual es el más afectado. Además, en el análisis discursivo se puede observar que los problemas de aprendizaje observados en los estudiantes se acentuaron pospandemia, sobre todo aquellos relacionados con aspectos emocionales y vinculares. Esas dificultades llevaron a los docentes a exponer sus deseos de aprender técnicas y herramientas de regulación emocional con el objeto de mejorar estas capacidades, ya que no existe oferta académica ni capacitaciones sobre esta temática. En conjunto, se pudo conocer que en este grupo de estudiantes los niveles de intensidad emocional eran elevados, las estrategias de regulación emocional no resultaban adaptativas y la comprensión lectora era poco clara y precisa.

Consideramos que el trabajo realizado constituye un punto de partida para otros investigadores interesados en explorar relaciones entre la regulación emocional y diversos constructos psicológicos y académicos. Es de sumo interés para la comunidad científica, debido a que el proceso de comprensión lectora es fundamental en el aprendizaje, y para su adquisición son necesarios procesos de autorregulación tales como la planificación, ejecución y autorreflexión, que se encuentran en la base de los procesos de lectura (Panadero y Alonso-Tapia, 2014). Esto responde a la concepción de que "estamos educando no solo para obtener conocimiento, sino para mejorar sus personalidades de los niños y para que se conviertan en personas seguras de sí mismas, intelectual y emocionalmente, entusiastas y felices" (Sevilla-Vallejo, 2018, p. 176). Y esto tiene numerosas implicaciones para el desarrollo evolutivo, las capacidades de los alumnos y su salud física y mental. Es así como un estudiante que puede regular sus emociones no será un alumno aislado, sino un niño con relaciones afectivas significativas con sus pares.

Un docente que puede observar en el aula un alumno con sus emociones desreguladas puede enseñarle a identificarlas y brindarle estrategias de regulación emocional adaptativas con el fin de acompañar a los niños a lograr un mayor bienestar y ser más solidarios. Regular una emoción implica modular cuándo y cómo significar y expresar un estado emocional experimentado. Para ello, debemos tener presente que una reacción emocional consta de una expresión conductual que es observable y un sentimiento subjetivo, el arousal psicológico. Según las estrategias de regulación utilizadas (adaptativas o desadaptativas) serán las acciones llevadas a cabo por los niños. Si la estrategia es desadaptativa, podrán reaccionar mediante peleas, culpabilización, etc. En cambio, si la estrategia es adaptativa, el niño podrá reconocer la emoción experimentada y responder a la misma con un alto nivel de consistencia (Pietrzak y Tokarz, 2016). Es por esto por lo que Anto y Jayan (2016) exponen que, para lograr una autorregulación del aprendizaje en el cual haya motivación e interés, el niño debe regular las emociones de forma adaptativa. Esta capacidad le permitirá lograr una autoestima más alta, mejor las creencias y valores sobre sí mismo, y considerar la influencia de sus cogniciones sobre sus estados emocionales. También le dará la oportunidad de reconocer el error como la posibilidad de aprendizaje sobre una determinada competencia académica (Soto-Hernández, 2017).

BIBLIOGRAFÍA

Abarca, M. (2003). *La educación emocional en Educación Primaria: Currículo y Práctica*. Barcelona: Universidad de Barcelona.

Agustine, A.A. y Hemenover, S.H. (2009). Sobre la eficacia relativa de las estrategias de regulación del afecto: un metanálisis. *Cognición y emoción, 23* (6), 1181-1220.

Aguado, L. (2002). Procesos cognitivos y sistemas cerebrales de la emoción. *Revista de neurología, 34* (12), 1161-1170.

Agudelo Marín, C., Bohórquez Zuleta, M. M., y Galvis Betancur, Á. M. (2015). *Competencia en regulación emocional: una mirada desde la escuela*. Tesis doctoral. Universidad Católica de Pereira.

Ainsworth, M.D. (1964). Patrones de conducta de apego que muestra el bebé en interacción con su madre. *Merrill-Palmer Quarterly of Behavior and Development, 10* (1), 51-58.

Aldao, A., Nolen Hoeksema, S. y Schweizer, S. (2010). Estrategias de regulación emocional a través de la psicopatología: una revisión metaanalítica. *Revisión de psicología clínica, 30* (2), 217-237.

Alonso-Tapia, J. (2005). Motivación para el aprendizaje: la perspectiva de los alumnos. *La orientación escolar en centros educativos*, 209-242.

Bisquerra-Alzina, R. (2003). Educación emocional y competencias básicas para la vida. *Revista de investigación educativa, 21*(1), 7-43. Recuperado de: https://revistas.um.es/rie/article/view/99071.

Bisquerra-Alzina, R. y Pérez Escoda, N. (2007). Las competencias emocionales. Educación XX1, *(10)*, 61-82. Recuperado de: http://e-spacio.uned.es/fez/eserv/bibliuned:EducacionXXI-2007numero10-823/Documento.pdf

Bisquerra-Alzina, R. (2011). Educación emocional. *Padres y Maestros/ Journal of Parents and Teachers, 337*, 5-8.

Allueva, P. (2002). Desarrollo de la creatividad: Diseño y evaluación de un programa de intervención. *Persona* (5), 67-81.

Andrés, M. L., Castañeiras, C., Stelzer, F., Juric, L. C., y Introzzi, I. (2016). Funciones Ejecutivas y Regulación de la Emoción: evidencia de su relación en niños. *Psicología desde el Caribe, 33*(2), 169-189.

Andrés, M. L., Canet Juric, L., Castañeiras, C. E., y Richaud de Minzi, M. C. (2016). Relaciones de la regulación emocional y la personalidad con la ansiedad y depresión en niños. *Avances en Psicología Latinoamericana, 34*(1), 99-115.

Andrés, M. L., Stelzer, F., Vernucci, S., Juric, L. C., Galli, J. I., y Guzmán, J. I. N. (2017). Regulación emocional y habilidades académicas: relación en niños de 9 a 11 años de edad. *suma psicológica, 24*(2), 79-86.

Anto, S. P., y Jayan, C. (2016). Self-esteem and emotion regulation as determinants of mental health of youth. *SIS Journal of Projective Psychology y Mental Health, 23*(1), 34.

Antoni, M., y Zentner, J. (2014). *Las cuatro emociones básicas.* Barcelona: Herder Editorial.

Arán Filippetti, V., y López, M. B. (2016). Predictores de la Comprensión Lectora en Niños y Adolescentes: El papel da la Edad, el Sexo y las Funciones Ejecutivas. *Cuadernos de Psicología, 10* (6) 1-22.

Artigas-Pallarés, J., Guitart, M., y Gabau-Vila, E. (2013). Bases genéticas de los trastornos del neurodesarrollo. *Revista de neurología, 56* (1), 23-34.

Arroyo Murillo, M. T., Badilla Navas, O., y Barrantes Blanco, M. M. (2003). Factores que influyen en el desarrollo de la lectura de los alumnos (as) de quinto año de la Escuela La Asunción circuito 01, Región Educativa, Pérez Zeledón, durante el primer período del año lectivo 2003. Trabajo de fin de Máster. Universidad Nacional de Costa Rica. Recuperado de: https://repositorio.una.ac.cr/handle/11056/24190

Ausubel, D. (1983). Teoría del aprendizaje significativo. *Fascículos de CEIF, 1*(1-10), 1-10.

Azorín Abellán, C.M., Arnáiz Sánchez, P., y Maquilón Sánchez, J.J. (2017). Revisión de instrumentos sobre atención a la diversidad para una educación inclusiva de calidad. *Revista mexicana de investigación educativa, 22* (75), 1021-1045.

Baddeley, A.D. y Hitch, G. (1974). Memoria de trabajo. *Psicología del aprendizaje y la motivación* (Vol. 8, pp. 74-89). Buenos Aires: Prensa académica.

Baddeley, A.D. y Logie, R.H. (1999). Memoria de trabajo: el modelo de múltiples componentes, 28-61. *Prensa de la Universidad de Cambridge.* https://doi.org/10.1017/CBO9781139174909.005

Baddeley, A. (2012). Working memory: Theories, models, and controversies. *Annual review of psychology, 63*, 1-29.

Baker, L. (1985). Differences in the standards used by college students to evaluate their comprehension of expository prose. *Reading Research Quarterly*, 297-313.

Barlow, D.H. (2000). Desentrañando los misterios de la ansiedad y sus trastornos desde la perspectiva de la teoría de la emoción. *Psicólogo estadounidense, 55*(11), 1247.

Barra-Almagia, E. (2009). Influencia del estrés y el ánimo depresivo sobre la salud adolescente: análisis concurrente y prospectivo. *Universitas Psychologica, 8*(1), 175-182.

Borkovec, T.D. y Hu, S. (1990). El efecto de la preocupación sobre la respuesta cardiovascular a las imágenes fóbicas. *Investigación y terapia del comportamiento, 28*(1), 69-73.

Borkovec, T.D. (1994). *La naturaleza, funciones y orígenes de la preocupación*. G. Davey y F. Tallis (eds). Preocupación: perspectivas sobre la evaluación de la teoría y el tratamiento (pp. 5-33). Sussex, Inglaterra: Wiley y Sons.

Brodbeck, J., Bachmann, MS, Croudace, T.J. y Brown, A. (2013). Comparación de las trayectorias de crecimiento de los comportamientos de riesgo desde la adolescencia tardía hasta la adultez temprana: un diseño acelerado. *Psicología del desarrollo, 49* (9), 1732.

Bosquimano, B.J. (2002). ¿Desahogar la ira alimenta o extingue la llama? Catarsis, rumiación, distracción, ira y respuesta agresiva. *Boletín de personalidad y psicología social, 28*(6), 724-731.

Bowlby, J. (1976). El desarrollo de la personalidad humana bajo una luz etológica. En *Modelos animales en psicobiología humana* (págs. 27-36). Boston: Springer, Boston.

Bowlby, J. (1979). La teoría del apego de Bowlby-Ainsworth. *Ciencias del comportamiento y del cerebro, 2* (4), 637-638.

Bowlby, J. (1980*). By ethology out of psycho-analysis: an experiment in interbreeding. Animal Behaviour, 28*(3), 649-656. https://doi.org/10.1016/S0003-3472(80)80125-4

Bush, G., Luu, P. y Posner, MI (2000). influencias cognitivas y emocionales en la corteza cingulada anterior. *Tendencias en ciencias cognitivas, 4*(6), 215-222.

Butman, J. (2001). La cognición social y la corteza cerebral. *Revista Neurológica Argentina, 26 (3),*117-122.

Caballo, V., y Buela, G. (1989). Diferencias conductuales, cognoscitivas y emocionales entre sujetos de alta y baja habilidad social. *Revista de Análisis del comportamiento, 4*(1), 1-19.

Calderón Rodríguez, M., González Mora, G., Salazar Segnini, P., y Washburn Madrigal, S. (2014). El papel docente ante las emociones de niñas y niños de tercer grado. *Actualidades investigativas en Educación, 14*(1), 157-179.

Canet Juric, L., Burin, D., Andrés, M. L., y Urquijo, S. (2013). Perfil cognitivo de niños con rendimientos bajos en comprensión lectora. *Anales de psicología, 29*(3), 996-1005.

Canet Juric, L., Introzzi, I., Andrés, M. L., y Stelzer, F. (2016). La contribución de las funciones ejecutivas a la autorregulación. *Cuadernos de Neuropsicología/Panamerican Journal of Neuropsychology, 10*(2), 107-128.

Ceballos-Marón, N.A., Sevilla-Vallejo, S. (2020). El Efecto del Aislamiento Social por el Covid-19 en la Conciencia Emocional y en la Comprensión Lectora. Estudio sobre la Incidencia en Alumnos con Trastornos de Aprendizaje y Menor Acceso a las Nuevas Tecnologías. *Revista Internacional de Educación para la Justicia Social, 9*(3), 1-13.

Ceballos-Marón, N. y Sevilla-Vallejo, S. (2021). La regulación emocional en niños para lograr la maravillosa aventura de la lectocomprensión en tiempos de pandemia. Óscar Macías, Silvio Quiñónez y Joey Yucra (ed.). *Docentes de Iberoamérica frente a la pandemia. Desafíos y respuestas* (pp. 108-115). Cádiz: Asociación Formación IB.

Ceballos-Marón, N. A., Sevilla-Vallejo, S., y Ceberio, M. (2022). Vínculo entre la regulación emocional y la comprensión lectora en estudiantes de escuela primaria y la perspectiva de los docentes de Argentina. *Revista Científica Arbitrada de la Fundación MenteClara, 7* (294), 1-21. https://doi.org/10.32351/rca.v7.294

Ceballos-Marón, N. A., Sevilla-Vallejo, S. (2023). La Tarea TIRC digitalizada y la rúbrica CLAN. Dos instrumentos para trabajar la educación emocional y los niveles morfológico, léxico y textual de la comprensión lectora. *Lingüística y humanidades digitales: avances y desafíos para el siglo XXI* (pp. 145-156). Madrid: Cinca.

Ceballos-Marón, N.A., Andrés, L. y Sevilla-Vallejo, S. (2023). Presentación de una versión informatizada y remota de una tarea de regulación emocional para niños. *Cuadernos de neuropsicología 17*(1), 7-22.

Charbonneau, A.M., Mezulis, A.H. y Hyde, J.S. (2009). El estrés y la reactividad emocional como explicaciones de las diferencias de género en los síntomas depresivos de los adolescentes. *Revista de juventud y adolescencia, 38* (8), 1050-1058.

Chuchón De La Cruz, S. (2021). Ansiedad infantil en los logros de aprendizaje en tiempos de pandemia en estudiantes de primaria de una IEP de Ayacucho. Trabajo de Fin de Máster. Universidad César Vallejo.

Cicchetti, D., Ackerman, B.P. e Izard, C.E. (1995). Emociones y regulación emocional en la psicopatología del desarrollo. *Desarrollo y psicopatología, 7*(1), 1-10.

Cole, P. (1986). Children's spontaneous control of facial expression. *Child Development, 57*(6), 1309-1321.

Cole, P.M. y Kaslow, N. (1988). Estrategias interactivas y cognitivas para la regulación afectiva: *Perspectiva del desarrollo de la depresión infantil,* 1-11.

Cole, J.C., Rabin, A.S., Smith, T.L. y Kaufman, A.S. (2004). Desarrollo y validación de un formulario corto CES-D derivado de Rasch. *Evaluación psicológica, 16*(4), 360.

Compare, A., Zarbo, C., Shonin, E., Van Gordon, W. y Marconi, C. (2014). Regulación emocional y depresión: un mediador potencial entre el corazón y la mente. *Psiquiatría y neurología cardiovascular,* 1-10.

Costa Jr., P.T. y McCrae, R.R. (1992). La psicología de los rasgos llega a la mayoría de edad. Simposio en Nebraska sobre motivación: *Psicología y envejecimiento, 39,* 169-204.

Cuervo Martínez, Á. (2010). Pautas de crianza y desarrollo socioafectivo en la infancia. *Diversitas: Perspectivas en psicología, 6*(1), 111-121.

Daniel, M., y Wahlstrom, D. (2019). Raw-score equivalence of computer-assisted and paper versions of WISC-V. *Psychological Services, 16(2),* 213-220. https://doi.org/10.1037/ser0000295

Damasio, A. (2005) *En busca de Spinoza. Neurobiología de la Emoción y los Sentimientos.* Barcelona: Editorial Crítica.

Damasio, A. (2011). Base neural de las emociones. *Scholarpedia, 6*(3), 1804.

Davey, G.C. y Wells, A. (eds.) (2006). *La preocupación y sus trastornos psicológicos: Teoría, evaluación y tratamiento.* Nueva York: John Wiley y Sons.

De Saint- Exupéry, A. (2018). *El principito.* Buenos Aires: Editorial Guadal S.A.

Denham, S.A. (2007). Lidiando con los sentimientos: cómo los niños negocian los mundos de las emociones y las relaciones sociales. *Cognitie, Creier, Comportamiento/Cognición, Cerebro, Comportamiento, 11* (1) 1-49.

De Jesús Ramos, A., Dols, A. N., y Arranz, A. R. (2019). Serotonina: un neurotransmisor que impacta nuestras emociones. *RD-ICUAP, 5*(13) 1-15.

De Minzi, M. C. R. (2009). Influencia del modelado de los padres sobre el desarrollo del razonamiento prosocial en los/las niños/as. *Revista Interamericana de Psicología/Interamerican Journal of Psychology, 43*(1), 187-198.

De Vega, M., Rodrigo, M.J. y Zimmer, H. (1996). Señalar y etiquetar direcciones en marcos egocéntricos. *Revista de Memoria y Lenguaje, 35* (6), 821-839.

Dennis, T.A. y Kelemen, D.A. (2009). Puntos de vista de los niños en edad preescolar sobre la regulación de las emociones: asociaciones funcionales e implicaciones para el ajuste socioemocional. *Revista internacional de desarrollo conductual 33* (3), 243-252.

Dor, Y. I., Algom, D., Shakuf, V., y Ben-David, B. M. (2022). Detecting emotion in speech: Validating a remote assessment tool. *Auditory Perception y Cognition, 5*(3), 238-258.

Eisenberg, N., Fabes, RA, Murphy, B., Maszk, P., Smith, M. y Karbon, M. (1995). El papel de la emocionalidad y la regulación en el funcionamiento social de los niños: un estudio longitudinal. *Desarrollo infantil, 66* (5), 1360-1384.

Eisenberg, N., Fabes, R.A., Shepard, S.A., Murphy, B.C., Guthrie, I.K., Jones, S. y Maszk, P. (1997). Predicción contemporánea y longitudinal del funcionamiento social infantil desde la regulación y la emocionalidad. *Desarrollo infantil, 68* (4), 642-664.

Eisenberg, N. y Morris, AS (2002). Regulación relacionada con las emociones de los niños. *30*, 189-229.

Eisenberg, N., y Spinrad, T. L. (2004). Emotion related regulation: Sharpening the definition. Child Development, 75, 334-339. https://doi.org/10.1017/S095457940900025X

Eisenberg, N., Hofer, C. y Vaughan, J. (2007). El control esforzado y sus consecuencias socioemocionales. *Manual de regulación emocional, 2*, 287-288.

Ekman, P. (2003). Darwin, el engaño y la expresión facial. *Anales de la Academia de Ciencias de Nueva York, 1000*(1), 205-221.

Elosúa, M. R., y García, E. G. (1993). *Estrategias para enseñar y aprender a pensar.* Madrid: Narcea.

Ellis, R. (2005). Medición del conocimiento implícito y explícito de una segunda lengua: un estudio psicométrico. *Estudios en Adquisición de Segundas Lenguas, 27*, 141-172.

Erickson, K.I., Hillman, C.H. y Kramer, A.F. (2015). Actividad física, cerebro y cognición. *Opinión actual en ciencias del comportamiento, 4*, 27-32.

Escrivá, M. V. M., García, P. S., Porcar, A. M. T., y Díez, I. (2001). Estilos de crianza y desarrollo prosocial de los hijos. *Revista de psicología general y aplicada: Revista de la Federación Española de Asociaciones de Psicología, 54*(4), 691-703.

Extremera, N., y Fernández-Berrocal, P. (2004). La importancia de desarrollar la inteligencia emocional en el profesorado. *Revista iberoamericana de educación, 34*(3), 1-9.

Farmer, R.L., McGill, R.J., Dombrowski, S.C., Benson, N.F., Smith-Kellen, S., Lockwood, A.B. y Stinnett, T.A. (2021). Realización de evaluaciones psicoeducativas durante la crisis del COVID-19: El peligro de las buenas intenciones. *Psicología Escolar Contemporánea, 25*(1), 27-32.

Fabes, R.A. y Eisenberg, N. (1992). Los niños pequeños hacen frente a la ira interpersonal. *Desarrollo infantil, 63*(1), 116-128.

Feldman, L.F., Gross, J., Christensen, T.C. y Benvenuto, M. (2001). Saber lo que estás sintiendo y saber qué hacer al respecto: mapeo de la relación entre la diferenciación de emociones y la regulación de emociones. *Cognición y emoción, 15*(6), 713-724.

Fernández Álvarez, H., y Opazo, R. (2004). La integración en psicoterapia: manual práctico. *La integración en psicoterapia: manual práctico* (451). Buenos Aires: Paidós.

Fernández Abascal, E.G. (2009). Emociones positivas, psicología positiva y bienestar. *Emociones positivas*, 27-46.

Fernández Abascal, E. G., Rodríguez, B.G., Sánchez, M. P. J., Díaz, M. D. M., y Sánchez, F. J. D. (2010). *Psicología de la emoción*. Editorial Universitaria Ramón Areces.

Fernández Barra, C. (2020). *Apego y violencia de pareja en estudiantes de la Universidad Mayor de San Andrés*. Tesis doctoral. Universidad Mayor de San Andrés.

Fernández Berrocal, P., Extremera, N., y Ramos, N. (2004). Validez y fiabilidad de la versión española modificada de la Trait Meta-Mood Scale. *Informes psicológicos, 94*(3), 751- 755.

Fonagy, P. (2000). Apego y trastorno límite de la personalidad. *Diario de la asociación psicoanalítica americana, 48*(4), 1129-1146.

Flavell, J. H. (1976). Aspectos metacognitivos de resolución de problemas. *LB Resnick, La naturaleza de la Inteligencia,* 231-236.

Flores, P., y Bacilia, R. (2018). Vínculos parentales, regulación emocional cognitiva y comprensión lectora en alumnos de educación primaria. Trabajo de Fin de Máster. Universidad de Montemorelos.

Franco, B.E.R., y Aragón, R.S. (2010). Rastreando el pasado. Formas de regular la felicidad, la tristeza, el amor, el enojo y el miedo. *Universitas psychologica, 9*(1), 179-197.

Fredrickson, B.L. (2001). El papel de las emociones positivas en la psicología positiva: la teoría de ampliar y construir de las emociones positivas. *Psicólogo estadounidense, 56*(3), 218-226. https://doi.org/10.1037/0003-066X.56.3.218

Fredrickson, B.L. (2004). La teoría de ampliar y construir de las emociones positivas. *Transacciones filosóficas de la sociedad real de Londres. Serie B: Ciencias Biológicas, 359*(1449), 1367-1377.

Garber, J. y Dodge, K.A. (eds.). (1991). *El desarrollo de la regulación emocional y la desregulación.* Cambridge: Prensa de la Universidad de Cambridge.

García, A. C. (1993). Análisis documental: el análisis formal. *Revista general de información y documentación, 3*(1), 11.

García Bacete, F. J., y Doménech Betoret, F. (2014). Motivación, aprendizaje y rendimiento escolar. *Reme 1,* 1-18.

Garnefski, N., y Kraaij, V. y Spinhoven, P. (2001). Negative life events, cognitive emotion regulation and emotional problems. *Personality and Individual differences, 30*(8), 1311, 1327. Recuperado de: https://www.sciencedirect.com/science/article/abs/pii/S0191886900001136.

Garnefski, N., y Kraaij, V. (2006). Cognitive emotion regulation questionnaire-development of a short 18-item version (CERQ-short). *Personality and individual differences, 41*(6), 1045-1053.

Garnefski, N., Kraaij, V. y van Etten, M. (2005). Especificidad de las relaciones entre las estrategias cognitivas de regulación emocional de los adolescentes y la psicopatología internalizante y externalizante. *Diario de la adolescencia, 28*(5), 619-631.

Garnesfki, N., Rieffe, C., Jellesma, F., Terwogt, M. M. y Kaaij, V. (2007) cognitive emotion regulation strategies and emotional problems in 9- 11 years old children: The developmen of and instrument European Child y adolescentes psychiatry 16(1) 1-9. Recuperado de: https://link.springer.com/article/10.1007/s00787-006-0562-3

Giese Davis, J. y Spiegel, D. (2003). Expresión emocional y progresión del cáncer, *Revista de psicología clínica, 54*(3), 269-282.

Goleman, D. (1996). *La inteligencia.* Buenos Aires-Argentina: Paidós.

Goldsmith, H.H. y Davidson, R.J. (2004). Desambiguando los componentes de la regulación emocional. *Desarrollo infantil, 75*(2), 361-365.

Gonzales, P., y Rosario, M. N. (2016). Marcadores del desarrollo infantil, enfoque Neuropsicopedagógico. *Fides et Ratio-Revista de Difusión cultural y científica de la Universidad La Salle en Bolivia, 12*(12), 81-99.

González Aloy, J. (2017) Neuropsicología de las emociones: estructuras cerebrales implicadas en los procesos emocionales en personas con deterioro cognitivo. Trabajo de Fin de Grado. Universitat de les Illes Balears.

González, C., Carnicero, J. A. C., Fuentes, L. J., Conesa, M. D. G., y Estévez, A. F. (2001). Mecanismos atencionales y desarrollo de la autorregulación en la infancia. *Anales de Psicología/Annals of Psychology, 17*(2), 275-286.

Gordillo León, F., Mestas Hernández, L., Pérez Nieto, MA, y Arana Martínez, J.M. (2021). Diferencias de género en la valoración de la intensidad emocional de las expresiones faciales de alegría y tristeza. *Escritos de Psicología (Internet), 14*(1), 1-10.

Granda-Asencio, L. Y., Ordoñez-Ocampos, B. P., y Aguirre-Labanda, J. E. (2023). Importancia de la comprensión lectora en las áreas básicas del aprendizaje. *Portal de la Ciencia, 4*(2), 256-269.

Graesser, A. C., McMahen, C. L., y Johnson, B. K. (1994). Question asking and answering. M. A. Gernsbacher (ed.). *Handbook of psycholinguistics* (pp. 517–538). Cambridge: Academic Press.

Graziano, P.A., Reavis, R.D., Keane, S.P. y Calkins, S.D. (2007). El papel de la regulación emocional en el éxito académico temprano de los niños. *Revista de psicología escolar, 45*(1), 3-19.

Grolnick, W.S., Bridges, L.J. y Connell, J.P. (1996). Regulación emocional en niños de dos años: estrategias y expresión emocional en cuatro contextos. *Desarrollo infantil, 67*(3), 928- 941.

Gross, J. (1998) El campo emergente de la regulación emocional: una revisión integradora. *Revista de psicología general, 2*(3), 271-299. Recuperado de: https://doi.org/10.1037/1089-2680.2.3.271

Gross, J.J. y Thompson, R.A. (2007). *Emotion Regulation: Conceptual Foundations.* J. J. Gross (ed.). Handbook of emotion regulation (pp. 3-24). Nueva York: The Guilford Press.

Gullón Guillermo, I. D. C. (2019). *Regulación emocional en niños y adolescentes.* Repositorio de la Universidad Pontificia Comillas.

Gullone, E., y Taffe, J. (2011). The Emotion Regulation Questionnaire for Children and Adolescents (ERQ-CA): A Psychometric Evaluation-Psychological Assessment. *Advance Online Publication.* https://doi.org/10.1037/a0025777

Gumora, G. y Arsenio, WF (2002). Emocionalidad, regulación emocional y rendimiento escolar en niños de secundaria. *Revista de psicología escolar, 40*(5), 395-413.

Gutiérrez Duarte, S. A., y Ruiz León, M. (2018). Impacto de la educación inicial y preescolar en el neurodesarrollo infantil. IE *Revista de investigación educativa de la REDIECH, 9(*17), 33-51.

Gutiérrez Maldonado, J., Rus Calafell, M., y González Conde, J. (2014). Creation of a new set of dynamic virtual reality faces for the assessment and training of facial emotion recognition ability. *Virtual Reality, 18*(1), 61-71.

Gutiérrez-Zornoza, M., Rodríguez-Martín, B., Martínez-Andrés, M., García-López, Ú., y Sánchez-López, M. (2014). Percepción del entorno para la práctica de actividad física en escolares de la provincia de Cuenca, España. *Gaceta Sanitaria, 28,* 34-40.

Guzmán, J.M. y Grajo, L.C. (2022). El desarrollo y las propiedades psicométricas preliminares de TeleWrite: una evaluación de escritura a mano basada en telesalud para niños en edad escolar. *Terapia ocupacional en el cuidado de la salud,* 1-18.

Harris, P.L., Donnelly, K., Guz, G.R. y Pitt-Watson, R. (1986). La comprensión de los niños de la distinción entre emoción real y aparente. *Desarrollo infantil,* 895-909.

Heimpel, S.A., Wood, J.V., Marshall, M.A. y Brown, J.D. (2002). ¿Las personas con baja autoestima realmente quieren sentirse mejor? Diferencias de autoestima en la motivación para reparar estados de ánimo negativos. *Revista de personalidad y psicología social, 82*(1), 128.

Herba, C.M., Landau, S., Russell, T., Ecker, C. y Phillips, ML (2006). El desarrollo del procesamiento de las emociones en los niños: Efectos de la edad, la emoción y la intensidad. *Revista de Psicología y Psiquiatría Infantil, 47*(11), 1098-1106.

Hernández-Sampieri, R., y Mendoza-Torres, C. P. (2018). *Metodología de la investigación: las rutas cuantitativa, cualitativa y mixta.* México: McGraw-Hill Interamericana.

Hervás, G., y Vázquez, C. (2006). La regulación afectiva: modelos, investigación e implicaciones para la salud mental y física. *Revista de psicología general y aplicada, 59*(1), 9-36.

Hervás, G. (2011). Psicopatología de la regulación emocional: el papel de los déficits emocionales en los trastornos clínicos. *Psicología conductual*, 19(2), 347.

Hodge, M. A., Sutherland, R., Jeng, K., Bale, G., Batta, P., Cambridge, A. y Silove, N. (2019). Agreement between telehealth and face-to-face assessment of intellectual ability in children with specific learning disorder. *Journal of Telemedicine and Telecare*, 25(7), 431-437.

Irrazábal, N. (2007). Metacomprensión y comprensión lectora. *Subjetividad y procesos cognitivos, 10*, 43-60.

Isen, A.M. (1990). La influencia del afecto positivo y negativo en la organización cognitiva: algunas implicaciones para el desarrollo. *Enfoques psicológicos y biológicos de la emoción* 1, 75-94.

Jara, C. R., Polanco-Carrasco, R., Caycho-Rodríguez, T., Muñoz-Vega, C., Muñoz-Marabolí, M., Luna-Gómez, T., y Muñoz-Torres, T. (2022). Telepsicología para psicoterapeutas: lecciones aprendidas en tiempos del Covid-19. *Revista Interamericana de Psicología/Interamerican Journal of Psychology, 56*(2),1-33.

Jhon, O. y Gross, J.J. (2007). Individual differences in emotion regulation. In J.J. Gross (ed). *Hadbook of emotion regulation*. New York: Guilford Press.

Johnson Laird, P. N. (1983). *Mental models: Towards a cognitive science of language, inference, and consciousness* (No. 6). Harvard: Harvard University Press.

Johnson-Laird, P.N. y Oatley, K. (2000). *Construcción cognitiva y social en las emociones*. Manual de emociones, 2 (pp. 458-475). Buenos Aires: Paidós.

Josep, B. (1982). Adicción a la muerte cercana. *Revista Internacional de Psicoanálisis*, 6, 449-456.

Kelleher, B. L., Halligan, T., Witthuhn, N., Neo, W. S., Hamrick, L., y Abbeduto, L. (2020). Bringing the laboratory home: PAND-ABox telehealth-based assessment of neurodevelopmental risk in children. *Frontiers in Psychology, 11*, 1-14.

Kjærstad, H. L., Hellum, K. S., Haslum, N. H., Lopes, M. N., Noer, T. S., Kessing, L. V., y Miskowiak, K. W. (2022). Assessment of the validity and feasibility of a novel virtual reality test of emotion regulation in patients with bipolar disorder and their unaffected relatives. *Journal of Affective Disorders, 318*, 217-223.

Klimenko, O. y Álvarez, J.L. (2009). Aprendizaje autorregulado y motivación escolar. *Pensando Psicología*, 5 (9), 21-35.

Klimenko, O., y Sepulveda, J. (2013). Incidencia de la intervención familiar por medio de un ciclo de Escuela de padres en la motivación escolar de los niños del primero de primaria del Colegio Celestin Freinet. *Incidence of family intervention through a cycle of Parent's School.7*(11) 76-90. https://doi. org/10.25057/21452776.214

Kobak, R.R.y Sceery, A. (1988). Apego en la adolescencia tardía: modelos de trabajo, regulación afectiva y representaciones de uno mismo y de los demás. *Desarrollo infantil*, 135-146.

Kochanska, G. (2001). Desarrollo emocional en niños con diferentes historias de apego: Los tres primeros años. *Desarrollo infantil*, *72*(2), 474-490.

Kolić-Vehovec, S. y Bajšanski, I. (2006). Estrategias metacognitivas y comprensión lectora en estudiantes de primaria. *Revista Europea de Psicología de la Educación*, *21* (4), 439-451.

Kopp, C.B. (1989). Regulación de la angustia y las emociones negativas: una visión del desarrollo. *Psicología del desarrollo*, *25*(3), 343.

Kring, A. M. y Werner, K. H. (2004). Emotion regulation and psychopathology. En Philippot, P. y Feldman, R. S. (Comps.), The regulation of emotion. *Hove, RU: Psychology Press. 1*(2) 359-385.

Kumaran, D., Summerfield, JJ, Hassabis, D. y Maguire, EA (2009). Seguimiento del surgimiento del conocimiento conceptual durante la toma de decisiones humanas. *Neurona*, *63*(6), 889-901

Kuperminc, G. P., Leadbeater, B. J., y Blatt, S. J. (2001). School social climate and individual differences in vulnerability to psychopathology among middle school students. *Journal of School psychology*, *39*(2), 141-159.

Lazarus, R. S., y Folkman, S. (1984). *Stress, appraisal, and coping*. Nueva York: Springer.

Leahy, R.L., Tirch, D. y Napolitano, L.A. (2011). *Regulación de las emociones en psicoterapia: una guía para el profesional*. Nueva York: Prensa Guilford.

Lecannelier, F. (2002). El legado de los vínculos tempranos: Apego y autorregulación. *Rev. chil. psicoanal*, 191-201.

León, J. A., Escudero, I., Olmos, R., Dávalos, T., y García, T. (2009). ECOMPLEC: Un modelo de evaluación de la comprensión lectora en diversos tramos de la Educación Secundaria. *Psicología Educativa. Revista de los Psicólogos de la Educación*, *15*(2), 123-142.

Levav, M. (2005). Neuropsicologia de la emocion. Particularidades en la infancia. *Revista Argentina de Neuropsicología*, *5*, 15-24.

Lewin, L. (2016). *El aula afectiva. Claves para el manejo eficaz del aula en un entorno afectivo*. Quito: Aguilar Santillana.

Lopes, P.N., Salovey, P., Côté, S., Beers, M. y Petty, RE (2005). Habilidades de regulación emocional y la calidad de la interacción social. *Emoción, 5*(1), 113-118. doi: 10.1037/1528-3542.5.1.113.

Lozano, E. A., Carnicero, J. A. C., Salinas, C. G., García, M. A., y Galián, M. D. (2005). Reacción de malestar y autorregulación emocional en la infancia. *Psicothema, 17*(3), 375-381.

López Hurtado, J., y Siverio Gómez, A. M. (2005). *El proceso educativo para el desarrollo integral de la primera infancia.* La Habana: Centro de Referencia Latinoamericana para la Educación Preescolar-UNICEF.

López, J., y Siverio, A. (2005). *El proceso educativo para el desarrollo integral de la primera infancia.* Cuba: UNESCO.

López Rodríguez, N. (1983). Una técnica para medir la comprensión lectora: el test cloze. *Enseñanza y Teaching: Revista interuniversitaria de didáctica, 1*(25) 1-12.

Lozano, E. A., Salinas, C. G. y Carnicero, J. A. C. (2004). Aspectos evolutivos de autorregulación emocional en la infancia. *Anales de Psicología/Annals of Psychology, 20*(1), 69-80. Recuperado de: https://revistas.um.es/analesps/article/view/27581.

Lozano, E. A., Salinas, C. G., y Carnicero, J. A. C. (2004). Aspectos evolutivos de la autorregulación emocional en la infancia. *Anales de Psicología/Annals of Psychology, 20*(1), 69-80.

Lozzia, G. S., Blum, D., Galibert, M. S., Aguerri, M. E., y Attorresi, H. F. (2010). Análisis de ítems de un test de altruismo a partir del modelo logístico de un parámetro. *Perspectivas en psicología, 7,* 16-23.

Luria, A. R. (1985). *Lenguaje y pensamiento.* Madrid: Mr ediciones

Lyubomirsky, S., Sheldon, KM y Schkade, D. (2005). En busca de la felicidad: la arquitectura del cambio sostenible. *Revista de psicología general, 9*(2), 111-131.

McFarland, C. y Buehler, R. (1998). El impacto del afecto negativo en la memoria autobiográfica: el papel de la atención autocentrada en los estados de ánimo. *Revista de personalidad y psicología social, 75*(6), 1424-1440.

McFarland, C., White, K. y Newth, S. (2003). Reconocimiento del estado de ánimo y corrección del sesgo de congruencia del estado de ánimo en el juicio social. *Revista de Psicología Social Experimental, 39*(5), 483-491.

McManis, M. H., Bradley, M. M., Berg, W. K., Cuthbert, B. N., y Lang, P. J. (2001). Emotional reactions in children: Verbal, physiological, and behavioral responses to affective pictures. *Psychophysiology*, *38*(2), 222-231.

Marina, J. A. (2014). Bases neurológicas del nuevo paradigma adolescente. *Revista Metamorfosis: Revista del Centro Reina Sofía sobre Adolescencia y Juventud*, (1), 21-36.

Martínez, À. C. (2010). Pautas de crianza y desarrollo socioafectivo en la infancia Diversitas: *Perspectivas en psicología,* *6*(1), 11-121. Recuperado de: https://www.redalyc.org/pdf/679/67916261009. pdf.

Martínez Albarrán, R. (2016). Importancia de la comprensión lectora en formación profesional. Un marco teórico para la enseñanza. *Trabajo de Fin de Máster, URJC*.

Mata San Marcos, A. D. L. (2016). Influencia de las aptitudes musicales sobre la regulación emocional y el impacto de estas sobre la calidad del sueño.Trabajo de Fin de Máster. Universidad Pontificia Comillas.

Mayer, J.D. y Stevens, A.A. (1994). Una comprensión emergente de la (meta) experiencia reflexiva del estado de ánimo. *Revista de investigación en personalidad*, *28* (3), 351-373.

Mayer, J.D., Caruso, D.R. y Salovey, P. (1997). Encuentros de Inteligencia Emocional. *Intelligence 27*(4) 2267-2298.

Mayor, L., y Gil, F. T. (1995). Ámbitos *de aplicación de la psicología motivacional*. Bilbao: Desclée de Brouwer.

Medina Alva, M. D. P., Kahn, I. C., Muñoz Huerta, P., Leyva Sánchez, J., Moreno Calixto, J., y Vega Sánchez, S. M. (2015). Neurodesarrollo infantil: características normales y signos de alarma en el niño menor de cinco años. *Revista Peruana de medicina experimental y salud pública*, *32*, 565-573.

Medrano, L. A., Moretti, L., Ortiz, Á., y Pereno, G. (2013). Validación del cuestionario de regulación emocional cognitiva en universitarios de Córdoba, Argentina. *Psykhe (Santiago)*, *22*(1), 83-96.

Mikulincer, M., Gillath, O. y Shaver, P.R. (2002). Activación del sistema de apego en la edad adulta: los primos relacionados con amenazas aumentan la accesibilidad de las representaciones mentales de las figuras de apego. *Revista de personalidad y psicología social*, *83*(4), 881.

Mikulincer, M., Shaver, P.R. y Pereg, D. (2003). Teoría del apego y regulación del afecto: la dinámica, el desarrollo y las consecuencias cognitivas de las estrategias relacionadas con el apego. *Motivación y emoción*, *27*(2), 77-102.

Mikulincer, M. y Shaver, P.R. (2012). Una perspectiva del apego en la psicopatología. *Psiquiatría mundial*, *11*(1), 11-15.

Mineka, S. y Sutton, S.K. (1992). Los sesgos cognitivos y los trastornos emocionales. ciencia psicológica *3* (1) 65-69. https://doi.org/10.1111/j.1467- 9280.1992.tb00260.x

Miranda Casas, A., Fernández, M.I., Robledo, P., y García Castellar, R. (2010). Comprensión de textos de estudiantes con alteración por déficit de atención/hiperactividad: ¿qué papel desempeñan las funciones ejecutivas? *Revista de neurología, 50*(3), 135-142.

Miró, E., Lozano, M. D. C. C., y Casal, G. B. (2005). Sueño y calidad de vida. *Revista colombiana de psicología, 14,* 11-27.

Mora, F. (2012). ¿Qué son las emociones? *El Observatorio FAROS Sant Joan de Déu.* www. faroshsjd.net

Mora, F. (2013). *Solo se puede aprender aquello que se ama.* Madrid: Alianza.

Moreno Sánchez, E. (2001). Análisis de la influencia de la familia en los hábitos lectores de sus hijas e hijos: un estudio etnográfico. *Contextos educativos: Revista de educación, 4,* 177-196.

Morris, AS, Silk, J.S., Steinberg, L., Myers, SS y Robinson, L.R.(2007). El papel del contexto familiar en el desarrollo de la regulación emocional. *Desarrollo social, 16*(2), 361-388.

Morrow, J. y Nolen-Hoeksema, S. (1990). Efectos de las respuestas a la depresión en la remediación del afecto depresivo. *Revista de personalidad y psicología social, 58*(3), 519.

Nachmias, M., Gunnar, M., Mangelsdorf, S., Parritz, R.H. y Buss, K. (1996). Inhibición del comportamiento y reactividad al estrés: el papel moderador de la seguridad del apego. *Desarrollo infantil, 67*(2), 508-522.

Nikolajeva, M. (2016). Recent trends in children's literature research: Return to the body. *International Research in Children's Literature, 9*(2), 132-145.

Ochoa de Alda, J. A. G., Marcos-Merino, J. M., Gómez, F. J. M., Jiménez, V. M., y Esteban, M. R. (2019). Emociones académicas y aprendizaje de biología, una asociación duradera. *Enseñanza de las ciencias: revista de investigación y experiencias didácticas, 37*(2), 43-61.

Ochsner, K.N. y Gross, J.J. (2005). El control cognitivo de la emoción. *Tendencias en ciencias cognitivas, 9*(5), 242-249.

Ojeda del Valle, M. (2012). El sueño en la edad preescolar y su repercusión en el desarrollo, la conducta y el aprendizaje. *Revista cubana de higiene y epidemiología, 50*(2), 198-204.

Ópazo Castro, R. (2001). *Psicoterapia integrativa.* Buenos Aires: Paidós.

Opazo, R. (2006). Psicoterapia Integrativa: ¿Exigencia de los Tiempos? *Psicoterapias.com.*

Ortega, M. A. R., y Suck, E. A. T. (2016). *Regulación emocional en la práctica clínica: una guía para terapeutas.* Editorial El Manual Moderno.

Ortiz Soria, B. (1999). El constructo de intensidad afectiva: una revisión. *REME, 2-3.*

Ostrosky, F., y Vélez, A. (2013). Neurobiología de las emociones. *Revista Neuropsicología, Neuropsiquiatría y Neurociencias, 13*(1), 1-13.

Páez, D., Fernández, I., Campos, M., Zubieta, E. y Casullo, M. M. (2006). Apego seguro, vínculos parentales, clima familiar e Inteligencia Emocional: socialización, regulación y bienestar. *Ansiedad y Estrés,* 12, 2-3, 319-341.

Panadero, E., y Alonso-Tapia, J. (2014). Teorías de autorregulación educativa: una comparación y reflexión teórica. *Psicología educativa, 20*(1), 11-22.

Papageorgiou, C., y Wells, A. (2003). An empirical test of a clinical metacognitive model of rumination and depression. *Cognitive therapy and research, 27*(3), 261-273.

Papageorgiou, C. y Wells, A. (2009). Una prueba prospectiva del modelo clínico metacognitivo de rumiación y depresión. *Revista Internacional de Terapia Cognitiva, 2*(2), 123-131.

Papalia, D.E., Olds, S.W. y Feldman, R.D. (2007). *El desarrollo humano.* México: Mc Graw- Hill.

Pekrun, R. y Linnenbrink-García, L. (2012). Las emociones académicas y el compromiso de los estudiantes. *Manual de investigación sobre participación estudiantil* (pp.259-282). Boston: Springer. https://doi.org/10.1007/978-1-4614-2018-7_12

Pekrun, R. (1992). The impact of emotions on learning and achievement: Towards a theory of cognitive/motivational mediators. *Applied psychology, 41*(4), 359-376.

Piaget, J. (1981). La teoría de Piaget. *Infancia y aprendizaje, 4*(2), 13-54.

Pietrzak, A. y Tokarz, A. (2016). La procrastinación como forma de desregulación en el contexto del afecto y la autorregulación. *Studia Humana,* 5 (3), 70-82.

Pintrich, P.R. (1994). Continuidades y discontinuidades: Direcciones futuras para la investigación en psicología educativa. *Psicóloga Educativa, 29*(3), 137-148.

Piñeiro, R., y Díaz, T. (2017). Factores que influyen en el neurodesarrollo de 0 a 6 años. *México. Red hemisférica de parlamentarios y exparlamentarios por la primera infancia, 2,* 1-30.

Racine, N., Cooke, JE, Eirich, R., Korczak, DJ, McArthur, B. y Madigan, S. (2020). Enfermedad mental de niños y adolescentes durante COVID-19: una revisión rápida. *Investigación en psiquiatría, 292*, 113-307.

Ray, R.D., McRae, K., Ochsner, K.N. y Gross, J.J. (2010). Cognitive reappraisal of negative affect: Converging evidence from EMG and self-report. *Emotion, 10*(4), 587-592.

Rendón Arango, M. I. (2007). Regulación emocional y competencia social en la infancia. *Diversitas: Perspectivas en psicología, 3*(2), 349-363.

Restrepo, S. R., y Vallejo-Trujillo, S (2018). *Neurociencia y toma de decisiones: estrategias de avanzada en educación.* Colombia: Corporación Universitaria Adventista.

Reeve, J. (2010) *Motivación y Emoción.* México: McGraw-Hill.

Reidl, L. M. (2005) *Celos y envidia: emociones humanas.* México: Universidad Autónoma de México.

Reyna, C., y Brussino, S. (2009). Propiedades psicométricas de la escala de comportamiento preescolar y jardín infantil en una muestra de niños argentinos de 3 a 7 años. *Psykhe (Santiago), 18*(2), 127-140. Recuperado de: https://scielo.conicyt.cl/scielo. php?pid=S0718-22282009000200009yscript=sci_arttext.

Richards, J.M. y Gross, J.J. (2000). Regulación de las emociones y memoria: los costos cognitivos de mantener la calma. *Revista de personalidad y psicología social, 79*(3), 410.

Ribero Marulana, S. y Vargas Gutiérrez, R. M (2013). Análisis bio-blimétrico sobre el concepto de regulación emocional desde la aproximación cognitivo conductual: una mirada desde las fuentes y los autores más representativos. *Psicología desde el Caribe, (30),* 495-525. Recuperado de: https://www.redalyc. org/pdf/213/21329176004.pdf.

Riskind, J.H. y Kleiman, E.M. (2012). Estilo cognitivo inminente, esquemas emocionales y miedos a la pérdida del control emocional: dos estudios. *Revista Internacional de Terapia Cognitiva, 5* (4), 392-405.

Roca Sierra, M. (2003). *La construcción del sujeto en la narrativa española actual.* Madrid: Fundación Universitaria Española.

Rodríguez Gallardo, A. (2007). Acceso abierto y bibliotecas académi-cas. *Revista interamericana de bibliotecología, 30*(1), 93-104.

Rodríguez, S. O., Ceballos, N. A., y Sevilla-Vallejo, S. (2022). Conectando la educación en valores, la comprensión lectora y la regulación emocional. Propuesta didáctica a través de El Principio de Antoine de Saint-Exupéry. *Desafíos y retos de la educación en tiempos de pandemia: Aproximaciones educativas desde la ética, la lingüística y la literatura, 323*, 59-88.

Rodríguez, J. A. P., Linares, V. R., González, A. E. M., y Guadalupe, L. A. O. (2009). Emociones negativas y su impacto en la salud mental y física. *Suma psicológica, 16*(2), 85-112.

Rodríguez Muñoz, S. (2015). *La relación entre los niveles de actividad física, la coordinación motriz y la destreza en lectoescritura* (Master's thesis). Recuperado de: https://reunir.unir.net/handle/123456789/3421

Rotger, M. (2022) *Inteligencia y gestión emocional ¿Qué sientes hoy? Emociones para aprender a validar y gestionar.* Córdoba: Brujas.

Sabatier, C., Cervantes, D. R., Torres, M. M., De los Ríos, O. H., y Sañudo, J. P. (2017). Regulación emocional en niños y adolescentes. *Psicología desde el Caribe, 34*(1).

Salovey, P., Mayer, JD, Goldman, SL, Turvey, C. y Palfai, TP (1995). Atención emocional, claridad y reparación: exploración de la inteligencia emocional utilizando la escala de meta-estado de ánimo de rasgos. 125-154. https://doi.org/10.1037/10182-006

Salovey, P., Stroud, LR, Woolery, A. y Epel, ES (2002). Inteligencia emocional percibida, reactividad al estrés e informes de síntomas: exploraciones adicionales utilizando la escala de meta-estado de ánimo de rasgos. *Psicología y salud, 17* (5), 611-627.

Salvador Cruz, J., y Acle Tomasini, G. (2005). Uso de estrategias de autorregulación en la comprensión de textos en niños otomíes de quinto grado. *Revista mexicana de investigación educativa, 10*(26), 879-902.

Sánchez Morillas, C. M. y Sevilla-Vallejo, S. (2019). El cuento en lengua materna como elemento facilitador. *Aula de encuentro, 21*(2), 59-78.

Sanjuán-Álvarez, M., y Cristóbal-Hornillos, R. (2022). *Procesos emocionales de la lectura y el aprendizaje en un libro ilustrado de no-ficción y en un libro de texto.* Publicaciones, *52*(1), 57-99

Saarni, C. (1984). Un estudio de observación de los intentos de los niños para controlar su comportamiento expresivo. *Desarrollo infantil*, 1504-1513.

Saavedra Torres, J. S., Díaz Córdoba, W. J., Zúñiga Cerón, L. F., Navia Amézquita, C. A., y Zamora Bastidas, T. O. (2015). Correlación funcional del sistema límbico con la emoción, el aprendizaje y la memoria. *Morfolia, 7*(2), 29-44. Recuperado de: https://revistas.unal.edu.co/index.php/morfolia/article/view/52874

Saurabh, K., y Ranjan, S. (2020). Compliance and psychological impact of quarantine in children and adolescents due to Covid-19 pandemic. *The Indian Journal of Pediatrics, 87*, 532-536.

Scott, S.K., Leff, A.P. y Wise, R.J. (2003). Más allá de la información dada: un sistema neuronal que soporta la interpretación semántica. *Neuroimagen, 19*(3), 870-876.

Schmeichel, B.J., Volokhov, R.N., y Demaree, H.A. (2008). Capacidad de memoria de trabajo y autorregulación de la expresión y experiencia emocional. *Revista de Personalidad y Psicología Social,* 95(6), 1526-1540. http://dx.doi.org/10.1037/a0013345

Sevilla-Vallejo, S. (2018). La aventura interminable. Algunas claves sobre la motivación y los procesos de lectura. *Cálamo FASPE, 66,* 1-10.

Sevilla-Vallejo, S. y Ceballos- Marón, N. (2020). Theoretical and Applied Study of the Psychological and Educational Effects of Lockdown in Primary School Students in Argentina. Social Sciences y Humanities Open, 2, 1-6. https://doi.org/10.1016/j.ssaho.2020.100039 .

Sevilla-Vallejo, S., y Ceballos-Marón, N. A. (2021). *La regulación emocional en niños para lograr la maravillosa aventura de la lectocomprensión en tiempos de pandemia.* Docentes de Iberoamérica frente a la pandemia. Desafíos y respuestas Libro de conferencias del II Congreso Iberoamericano de Docentes, 111-173.

Sevilla-Vallejo, S. (2022). La acción narrativa como metodología para fomentar una lectura implicada. González Plasencia, Yeray e Itziar Molina Sangüesa (eds.) *Enfoques actuales en investigación filológica* (pp. 454-465). Peter Lang. DOI 10.3726/b20495

Silva, R. E. S. (2008). *Estilos de aprendizaje a la luz de la neurociencia.* Colombia: Coop. Editorial Magisterio.

Sierra, M. R. (2003). *La construcción del sujeto en la narrativa española actual* Tesis doctoral. Universidad Complutense de Madrid.

Slater, D., Pointeau, G., Nobbs, D., Lipsmeier, F., Kilchenmann, T., Sanders, K., y Chatham, C. H. (2020). Remote Assessment of ASD in Clinical Trials: Validation of a Smartphone-Based Emotion Recognition Task. *INSAR 2020 Virtual Meeting.* INSAR.

Smith, S.M. y Petty, R.E. (1995). Moderadores de personalidad de los efectos de congruencia del estado de ánimo en la cognición: el papel de la autoestima y la regulación del estado de ánimo negativo. *Revista de personalidad y psicología social, 68*(6), 1092.

Southam Gerow, M.A. y Kendall, P.C. (2002). Regulación y comprensión de las emociones: implicaciones para la psicopatología y la terapia infantil. *Revisión de psicología clínica, 22*(2), 189-222.

Stanton, A.L., Kirk, S.B., Cameron, C.L. y Danoff-Burg, S. (2000). Afrontamiento a través del enfoque emocional: construcción y validación de escalas. *Revista de personalidad y psicología social, 78*(6), 1150-1169.

Stanton, A. L., Parsa, A., y Austenfeld, J. L. (2002). The adaptive potential of coping through emotional approach. *Handbook of positive psychology*, 148-158.

Sternberg, R.J. y Lubart, T.I. (1995). *Desafiando a la multitud: Cultivando la creatividad en una cultura de conformidad*. Buenos Aires: Prensa Libre.

Stifter, C.A., Spinrad, T. y Braungart-Rieker, J. (1999). Hacia un modelo de desarrollo de cumplimiento infantil: El papel de la regulación emocional en la infancia. *Desarrollo infantil, 70*(1), 21-32.

Solano Pizarro, P., González-Pienda, J. A., González-Pumariega Solis, S., y Núñez Pérez, J. C. (2004). *Autorregulación del aprendizaje a partir de textos. Revista Galego-portugesa de psicoloxia e educación, 9*(11), 111-128.

Soto Hernández, H., y Hernández, S. (2019). *Análisis neuropsicológico y electroencefalográfico de adolescentes con TDAH*. Trabajo de Fin de Máster. Benemérita Universidad Autónoma de Puebla (México).

Soto-Pérez, F., Martín, M. F., y Gómez, F. J. (2010). Tecnologías y neuropsicología: hacia una Ciber-Neuropsicología. *Cuadernos de Neuropsicología/Panamerican Journal of Neuropsychology, 4*(2), 112-130.

Soto Pérez, F., y Castillo, D. (2014). PsicoED: Una alternativa online y comunitaria para la psicoeducación en esquizofrenia. *Psicoperspectivas, 13*(3), 118-129.

Sugawara, A. y Cunningham, B. (1988). Las percepciones de los futuros maestros sobre las conductas problemáticas de los niños. *La Revista de Investigación Educativa, 82*(1), 34-39.

Sutherland, R., Trembath, D., Hodge, M. A., Rose, V., y Roberts, J. (2019). Telehealth and autism: Are telehealth language assessments reliable and feasible for children with autism? *International Journal of Language y Communication Disorders, 54*(2), 281-291.

Tamir, M. (2015). El campo de maduración de la regulación emocional. *Revisión de emociones, 3*(1), 3-7.

Tamir, M., Mitchell, C. y Gross, J.J. (2008). Motivos hedónicos e instrumentales en la regulación de la ira. *Ciencia psicológica, 19*(4), 324-328.

Thompson, R. A. (1994). Emotion regulation: A theme in search of definition. *Monographs of the Society for Research in Child Development, 59*(2), 25-52. https://doi.org/10.2307/1166137

Thompson, P. (2011). El problema con HRM. *Revista de gestión de recursos humanos, 21* (4), 355-367.

Thompson, R.A. y Lagattuta, K. H. (2006). *Sentimiento y comprensión: desarrollo emocional temprano.* Buenos Aires: Paidós.

Thompson, R.A. y Goodman, M. (2010). *Desarrollo de la regulación emocional: más de lo que parece.* Buenos Aires: Paidós.

Torres, J. S. S., Córdoba, W. J. D., Cerón, L. F. Z., Amézquita, C. A. N., y Bastidas, T. O. Z. (2015). Correlación funcional del sistema límbico con la emoción, el aprendizaje y la memoria. *Morfolia, 7*(2), 29-44.

Troy, A. S.; Wilhelm, F. H.; Shallcross, A. J.; Mauss, I. B. (2010). Seeing the silver lining: Cognitive reappraisal ability moderates the relationship between stress and depressive symptoms. *Emotion, 10*(6), 783-795.

Underwood, M.K., Coie, J.D. y Herbsman, C.R. (1992). Mostrar reglas para la ira y la agresión en niños en edad escolar. *Desarrollo infantil, 63*(2), 366-380.

Urdinez, M. (2022). Pruebas Aprender 2020-2021. Recuperado de: https://www.lanacion.com.ar/autor/micaela-urdinez-332/

Uusberg, A., Taxer, J. L., Yih, J., Uusberg, H., y Gross, J. J. (2019). Reappraising reappraisal. *Emotion Review, 11*(4), 267-282.

Vallejo, P. (2022). Pruebas Aprender 2021: Los alumnos mostraron un deterioro significativo en la comprensión de textos. Recuperado de: https://www.lanacion.com.ar/sociedad/los-resultados-de-las-pruebas-aprender-muestran-un- deterioro-significativo-en-la-comprension-de-nid21062022/

Van der Graaff, J., Branje, S., De Wied, M., Hawk, S., Van Lier, P. y Meeus, W. (2014). Toma de perspectiva y preocupación empática en la adolescencia: diferencias de género en los cambios de desarrollo. *Psicología del desarrollo, 50*(3), 881.

Van Dijk, T. A., y Kintsch, W. (1983). *Strategies of discourse comprehension.* New York: Academic Press.

Vázquez, C., Hervás, G., Rahona, J. J., y Gómez, D. (2009). Bienestar psicológico y salud: Aportaciones desde la Psicología Positiva. *Anuario de Psicología Clínica y de la Salud/Annuary of Clinical and Health Psychology, 5,* 15-28.

Vigotsky, L. (1984). *El desarrollo de los procesos psicológicos supe-riores*. Barcelona: Crítica

Wathers, S. F. y Thompson, R. A. (2014). Percepciones de los niños sobre la efectividad de las estrategias para regular la ira y la tristeza. *Revista internacional de desarrollo conductual, 38*(2), 174-181.

Wells, D. L. (2009). Los efectos de los animales en la salud y el bienestar humanos. *Revista de temas sociales, 65*(3), 523-543.

Werner, K. y Gross, J. J. (2010). Regulación emocional y psicopatología: un marco conceptual. AM Kring y DM Sloan (eds.), *Regulación emocional y psicopatología: un enfoque transdiagnóstico de la etiología y el tratamiento. La prensa de Guilford, 63*(2), 13-37.

Wright, A. J. (2018a). Equivalence of remote, online administration and traditional, face-to-face administration of the Wood-cock-Johnson IV cognitive and achievement tests [White paper]. Recuperado de: fromhttps://www.presencelearning.com/app/uploads/2016/09/WJ- IV_Online_Remote_whitepaper_FINAL.pdf

Zeman, J., Cassano, M., Perry-Parrish, C. y Stegall, S. (2006). Regulación emocional en niños y adolescentes. *Diario de Pediatría del Desarrollo y del Comportamiento, 27*(2), 155-168.

Zelkowitz, R. L. y Cole, DA (2016). Medidas de reactividad emocional y regulación emocional: validez convergente y discriminante. *Personalidad y diferencias individuales, 102*, 123-132.

Zimmerman, B. J. (2002). Convertirse en un aprendiz autorregulado: una descripción general. *De la teoría a la práctica, 41*(2), 64-70.

Zimmerman, B. J. (2008). Investigando la autorregulación y la motivación: antecedentes históricos, desarrollos metodológicos y perspectivas futuras. *Revista de investigación educativa estadounidense, 45*(1), 166-183.

ANEXOS

ENTREVISTA A DOCENTES

N° de docente:

Género: Femenino

Nombre Escuela en la que se desempeña:

Grado en el que se desempeña:

Provincia de la Argentina que vive:

¿Cuáles son las consecuencias que considera que trajo aparejada la pandemia a nivel educativo?

¿Aproximadamente qué porcentaje de estudiantes se muestran motivados con el aprendizaje?

Se entiende que la motivación depende de las creencias que tenemos los lectores respecto al objetivo que debemos conseguir y las creencias respecto a lo que implica comprender (Alonso-Tapia, 2005).

¿Alguno de tus estudiantes presenta dificultades en el aprendizaje?

Si.........
No.......
Responder si la respuesta fue SI. ¿Qué problemas presentan?

¿Los estudiantes demuestran interés cuando leen un texto?

¿Con respecto a las actividades que implican la lectura, ¿cómo consideran que leen sus estudiantes?
Insatisfactorio: Poco satisfactorio: Satisfactorio:
Bien:
Muy bien:
Excelente:

¿Actualmente leen igual que en tiempos de pandemia?

¿Con qué herramientas cuenta para evaluar la lectura?

Cuándo los estudiantes leen una narración, ¿entienden cómo se caracterizan los personajes y sus conflictos?

Teniendo en cuenta los niveles lingüísticos ¿Sus alumnos comprenden las palabras (léxico), las expresiones (sintáctico) y la temática (textual)?
Nivel léxico:
Nivel sintáctico:
Nivel textual:
– ¿Cómo ha podido evaluar cada uno?

¿Qué niveles lingüísticos considera que se encuentran más desarrollados y cuáles se encuentran más afectados? ¿Por qué?
Hay alumnos poseen dificultades para comprender el material leído.
Sí.....................
No.....................

¿Qué dificultades?:

¿Los estudiantes tienen claro que emociones sienten ante diversas situaciones?
Sí.....................
No.....................

Se sienten:

¿Los niños le han podido expresar qué emociones sienten?
Sí...................
No....................

Voy a nombrarte un listado de emociones básicas, me gustaría que me nombres cuáles se presentan en el aula comúnmente:
Tristeza:
Enojo:
Miedo
Vergüenza
Disgusto
Sorpresa
Alegría:
Otras

¿Utiliza diversas herramientas para que los estudiantes identifiquen sus estados emocionales en curso?
Si...................
No...................

¿Cuáles?

¿Con qué nivel de intensidad se presentan estas emociones? Entiéndase por intensidad emocional al grado con que se producen las emociones que sienten.
Expresar la o las opciones correctas:
Casi nada:
Muy poco:
Poco:
Más o menos:
Bastante:
Mucho:
Muchísimo:

¿Usted considera que dichas emociones repercuten en el aprendizaje de sus estudiantes?

Sí....................

No.................

¿De qué manera?

¿De acuerdo a su punto de vista, ¿Sus estudiantes regulan las emociones de manera adaptativa? Es decir, logran identificar y resignificar sus eventos emocionales.

Sí....................

No....................

Le nombraré estrategias de regulación emocional adaptativas y no adaptativas.

¿Puede nombrarme cuál considera que se presentan con mayor frecuencia sus alumnos?

Reevaluación cognitiva (implica resignificar los eventos para cambiar su impacto emocional):

Planificación (es la posibilidad de pensar nuevas maneras de manejar un evento negativo):

Poner en perspectiva (consiste en poder analizar un evento y compararlo con otros desde otro lugar):

Autoculpabilización (asignarse la culpa a por los sucesos vivenciados):

Rumiación (repensar pensamientos y sentimientos asociados a un evento negativo):

Catastrofización (poner énfasis en el terror vivenciado):

Reinterpretación positiva (poder crear una nueva significación positiva a un evento, posibilitando de esta manera el crecimiento personal):

Conoce y/o utiliza técnicas para lograr estrategias adaptativas de regulación emocional emociones de los alumnos?

Si.....................

No....................

¿Cuáles?

¿Cómo reaccionan sus estudiantes frente a situaciones estresantes? ¿Por ejemplo, ante un examen?

22.–Considera que los estados emocionales del estudiante influyen en el proceso de lecto comprensión?

Es decir, modifican la motivación, la comprensión sobre los personajes o los niveles lingüísticos.

¿De qué manera?

23.–¿Considera que su rol de docente es importante para que los estudiantes logren la regulación emocional?

Tarea TIRC:

https://youtube.com/playlist?list=PLyYeZo3KKBglCWoGkrb Fmw-onL2vhHLpNysi=sB7QXwRNzhOd2u5x

Rúbrica CLAN:

https://youtube.com/playlist?list=PL6Fjz5uXRKL92OnBTycIk-2m1omxWGKZiysi=f_GHUFC9GL3k9fHF

MODELO DE CONSENTIMIENTO INFORMADO

UFLO (Universidad de Flores)

Autorizo a que a mi hijo/a se le realicen 2 cuestionarios digitales de regulación emocional y comprensión lectora. Los mismos son totalmente anónimos, a los fines de conocer las características de las mismas y mejorarla.

* Elaborado a partir de recomendaciones convenidas en Resolución 1490/2007 Guía de las Buenas Prácticas de Investigación Clínica en Seres Humanos Ministerio de Salud de la Nación, Argentina, y las Pautas Internacionales para la Evaluación Ética de los Estudios Epidemiológicos, del Consejo de Organizaciones Internacionales de las Ciencias Médicas (CIOMS); 1991.